Bleibt in Mir

Sr. Marie-Pascale

Bleibt in Mir

Ein Weg zum inneren Gebet

Vorwort von Msgr. R. Coffy
Erzbischof von Marseille

Französischer Originaltitel:
«Demeurez en moi. Un chemin vers l'Oraison»

Imprimatur für die französische Ausgabe:
Jean Cadilhac, Bischof von Nîmes, den 3. April 1988

© Für die französische Ausgabe:
Editions des Béatitudes,
Société des Œuvres Communautaires, 1988

Deutsche Übersetzung: Margrit Meyendriesch

© Für die deutsche Ausgabe: Juni 1994
PARVIS-VERLAG
CH-1648 HAUTEVILLE / SCHWEIZ

Alle Rechte, auch die des Teilabdruckes, vorbehalten
Postsendungen in alle Länder

Gedruckt in der Schweiz
ISBN 3-907523-48-2

Vorwort

«Wir leben nicht; wir werden gelebt.» Man hat
der Grammatik sozusagen den Hals umgedreht, als
man diesen Ausdruck formulierte, der nicht eigentlich französisch ist, um der gegenwärtigen Daseins-
weise des Menschen Ausdruck zu verleihen. Zuge-
geben, diese passive Form eines intransitiven
Zeitwortes vermag recht gut das Risiko auszudrükken, dem der «homo œconomicus» ausgesetzt ist,
dieser moderne Mensch, den Bernard Ronze sehr
richtig als «den Menschen der Quantität» bezeichnet.

Der moderne Mensch lebt nicht mehr, er wird
gelebt. Er findet sich in den Strudel einer Existenz
hineingezogen, die er nicht mehr zu beherrschen
vermag. Er kann nicht mehr anhalten, er findet
nicht mehr die Zeit, um Atem zu schöpfen. Unaufhörlich sieht er sich zum Laufen gezwungen. Er
muß produzieren und immer mehr produzieren,
denn sein Maßstab ist allein die Quantität, und
seine Richtschnur der Ertrag. Wenn er Pläne

schmiedet, dann sind es Vorstellungen von dem, was er zu tun gedenkt, und sein Verstand ist zum Instrument von Produktion und Rentabilität geworden. «Die betrachtende Schau (Vision) überläßt der Geschäftigkeit den Platz, die Kontemplation dem produktiven Tun, das Denken der Betriebsamkeit, die Sprache den Dingen» (B. Ronze). Mit Schnelligkeit muß der Mensch sich bewegen, denn alles wird berechnet und vergütet; und sogar die Zeit ist zu Geld geworden. Selbst seine Freizeit muß er oft teuer bezahlen; Leistung und Nutzen sind daher gefragt. Wenn er dann ins Rentenalter kommt, hat er den Eindruck einer unermeßlichen inneren Leere, einer Vorwegnahme des Todes.

Inmitten dieser vorprogrammierten Existenz reserviert er sich Freiräume für sein persönliches Leben, wobei die Familie eine bevorzugte Stellung einnimmt. Aber auch da kann er nicht in sich selbst einkehren und innewerden, daß er existiert. Radio und Fernsehen sind da und drängen sich ihm auf, reißen ihn aus sich selbst heraus und gaukeln ihm eine Traumwelt vor. Er gibt sich keine Mühe mehr, zu denken, denn das tun andere für ihn, und so wird sein Geist von mehr oder weniger primitiven Schablonen geprägt, von fix und fertigen Ansichten und Urteilen, die er bei Begegnungen und Gesprächen unbesehen weitergibt, wie der Zufall es gerade will.

Der griechische Held war sich bewußt, dem Fatum, dem durch die Götter zugeteilten Geschick, unterworfen zu sein, und er beugte sich diesem Plan. Der moderne Mensch ist einer anderen Form des Schicksals unterworfen, eines Schicksals, das er sich selbst geschaffen hat, wenn er es auch nicht weiß. Er unterwirft sich ihm, ohne sich irgendwelche Fragen zu stellen; er spricht jedoch viel von Befreiung und Freiheit, um sich selbst in der Illusion seiner Freiheit zu wiegen.

Manchmal begibt er sich zu einem Guru, und er bezahlt ihn, um von ihm diese innere Freiheit zu erwerben, oder er hofft sie in irgend einem Klub zu finden, für welchen er die Mitgliedschaft erhält. Auch bei fernöstlichen Methoden sucht er eine Hilfe, um dem Zwang des Programmiert-Seins zu entfliehen und zu sich selbst zu finden. Manche suchen in der Droge einen Ausweg, aber sie finden nichts anderes als psychische Zerrüttung.

Das Heil ist ihm jedoch ganz nahe, nicht außerhalb seiner selbst, sondern in seinem eigenen Inneren. Er braucht nichts zu tun als «demjenigen zu öffnen, der vor der Türe steht und klopft, immer bereit, einzutreten und das Abendmahl mit ihm zu halten» (Offb 3,20); aber er weiß es nicht, denn er hat mit der großen christlichen Tradition gebrochen, die den Menschen stets darauf hingewiesen hatte, in seinem Leben einen «Raum für Gott» zu reservieren. Dieser Raum ist das gemeinschaftliche Gebet, das liturgische Gebet und ganz besonders das innere Gebet.

Es liegt mir fern, die Notwendigkeit des inneren Gebetes von der gegenwärtigen Situation des Menschen her zu rechtfertigen, der gelebt wird, weil er nicht lebt. Das innere Gebet ist wesenhaft der spirituelle Kult, den der Mensch seinem Schöpfer schuldet; der heilige Paulus weist ermahnend darauf hin: «Ich ermahne euch also, Brüder, im Namen der göttlichen Barmherzigkeit, euch selbst als lebendiges, heiliges, Gott wohlgefälliges Opfer darzubringen: das ist euer geistlicher Gottesdienst» (Röm 12,1). Das innere Gebet ist das Sich-Bewußt-Werden im Glauben, daß wir uns durch den Sohn im Heiligen Geist mit dem Vater in Gemeinschaft befinden und daß wir teilnehmen an diesem unaufhörlichen, liebenden Austausch der göttlichen Personen untereinander; aber gerade deshalb, weil es Teilnahme ist am innertrinitarischen Dialog, ist es der Ort, wo der Mensch zu sich selber findet. Hier geschieht es, daß er die Wahrheit seines Seins findet, «diese Wahrheit, die ihn frei macht»; hier nimmt er Abstand von dem, was er tut, um zu erkennen, daß er ist und wer er ist... In dieser Welt, wo der Mensch in das ihn veräußerlichende Tun hineingeworfen ist, ist das innere Gebet der Weg, der ihn geöffnet werden läßt zum Sein. «Widmen wir alle uns eifrig der Praxis des inneren Gebetes», schreibt der heilige Vinzenz von Paul, «denn damit strömen uns alle Güter zu.»

Danken möchte ich Schwester Marie-Pascale, daß sie uns diese Zeilen über das innere Gebet geschenkt hat, daß sie uns den Weg aufzeigt, der es dem Kinde erlaubt, seine Heimat zu finden und liebend den Namen des Vaters auszusprechen. Aus Diskretion und im Bewußtsein, daß eine solche, viele Stufen umfassende Erfahrung zu reich ist, um nur durch eine einzige Stimme ausgedrückt zu werden, tritt sie selbst ganz zurück und läßt den heiligen Johannes Chrysostomus sprechen, die heilige Theresia von Avila, den heiligen Johannes vom Kreuz, die heilige Katharina von Siena, den heiligen Seraphim von Sarow und viele andere.

Tritt sie in den Hintergrund? Nicht ganz und gar. Ihre Stimme verschmilzt mit den Stimmen jener, die uns vorangegangen sind und die zu uns gesprochen haben über ihre Begegnung mit Gott, sowie über die Schwierigkeiten, denen sie begegnet sind, und über den Frieden und die Freude, die sie gefunden haben im inneren Gebet. Unter den zahlreichen vertraulichen Mitteilungen der Heiligen hat sie eine Auswahl getroffen. Um aber einen Text auszuwählen, ihn im rechten Zusammenhang wiederzugeben, ihn — falls nötig — zu kommentieren, dazu bedarf es eines echten Verstehens, einer Verwandtschaft des Herzens und des Geistes. Einen Text auswählen, ihn im rechten Zusammenhang darbieten, das bedeutet, selbst das Wort zu ergreifen, sich selbst auszusagen.

Wenn es eines Vergleiches bedürfte, um dieses Buch vorzustellen, dann würde ich mir den Titel eines Werkes von Hans Urs von Balthasar entleihen: «Die Wahrheit ist sinfonisch». Die Wahrheit ist Eine, und gleichzeitig ist sie eine Vielfalt. Sie ist wirklich eine Sinfonie, und man wird feststellen, daß, wenn auch die jeweiligen Ausdrucksformen verschieden sind, das Thema doch stets das gleiche ist, denn es ist immer der gleiche Heilige Geist, der in allen wirkt. Man wird auch entdecken, daß die Heiligen Menschen des inneren Gebetes gewesen sind und daß in ihm ihre reiche Persönlichkeit zur

Entfaltung gelangt ist. Die meisten von ihnen
waren Menschen der Tat — man denke z.B. an den
heiligen Bernhard, die heilige Theresia von Avila,
den heiligen Franz von Sales —; die innere Freiheit,
die sie charakterisiert inmitten all ihres Tuns, findet
ihre Quelle im inneren Gebet.

Mögen diese Zeilen uns helfen, den Weg zu ihm
zu finden oder ihn neu zu entdecken.

† Robert Coffy
Erzbischof von Marseille

I.
Die Vorbereitung auf das innere Gebet

Höre nicht auf, der Quelle entgegenzugehen

Wer hätte noch nicht von einer unendlich großen Liebe geträumt, einer Liebe, die durch nichts zerstört werden kann, die ganz vollkommen und vor allem unvergänglich ist? O! Von einer Liebe, die ihrer ersten Hingabe treu bleibt und noch alle Tage wächst... Von einer Liebe, die uns aus dem Staub erhebt, die es uns ermöglicht, die Mächte des Todes zu bekämpfen, die neue Lebenskraft in unsere erstorbenen Wurzeln fließen läßt... Sich in ihr emporschwingen zu können, zu laufen, die Mauern zu überspringen, das Netz des Voglers zu zerreißen, alles zu glauben, alles zu verzeihen, alles zu hoffen, alles zu lieben...

Wer sehnte sich nicht im Innersten seines Herzens nach einer solchen Vereinigung in der Liebe?

Jesus antwortet: «Bete! Bete ohne Unterlaß! Du wirst dann schnell in das innere Paradies eintreten, und du wirst danach verlangen, daß alle das gleiche tun. Der Schmerz des Liebens wird gleichzeitig

Seligkeit sein. Dann wirst du deine Ruhestatt
gefunden haben in Mir.»

Das innere Gebet ist keineswegs den besonders
Eingeweihten vorbehalten, denn die Wohnstätte
der Liebe ist ganz lichterfüllt und immer weit geöffnet. Was ist aber darunter zu verstehen, innerlich
zu beten? Wie soll man sich darauf vorbereiten?
Und ob sie wohl sehr eng ist, die Straße, die zur
Wohnstatt des Königs führt?

«Seine Barmherzigkeit ist so groß, daß niemand
von ihr ausgeschlossen wird, daß alle zu ihr kommen können, um an der Quelle des Lebens zu trinken... Mit lauter Stimme ruft er die Seelen.»[1]

Die heilige Theresia von Avila sagt zu uns allen:

Die Seelen «dürfen nicht stehen bleiben, so lange
sie nicht zum Ziele gelangt sind, d.h. ehe sie ihren
Durst nicht an der Quelle des lebendigen Wassers
gestillt haben. Wie sollen sie aber beginnen? Sehr
wichtig, ja sogar unerläßlich ist es für sie, einen
klaren und festen Entschluß zu fassen, und nicht
aufzuhören weiterzugehen, bis sie zur Quelle des
Lebens gekommen sind. Während sie nun auf diese
Weise vorwärtsschreiten, ungeachtet aller Schwierigkeiten und Hindernisse, aller Mühe und allen
Überdrusses, soll ihr Bestreben immer darauf ausgerichtet sein, das Ziel zu erreichen. Besser wäre
es, unterwegs zu sterben, als angesichts der
Schwierigkeiten des Weges den Mut sinken zu lassen, und sollte in ihnen auch die ganze Welt darüber zugrunde gehen.»[2]

---

1 Le chemin de la perfection, Traduction R.P. Gregoire de saint Joseph, Seuil,
6e Ed. 1949 chap XXII, S. 684.

Als der selige Heinrich Suso sich mit all seinen Kräften entschloß, diesen Weg zu laufen, sagte ein junger Novize zu ihm: «Es mag ja vielleicht richtig sein, daß du dich bessern und in Zucht nehmen willst, aber allzu streng solltest du nicht vorgehen dabei.»[3]

Christus aber, die «Ewige Weisheit», ermahnte ihn, nicht der Versuchung der Halbherzigkeit zu verfallen.

«Jemand, der einen Aal beim Schwanz festzuhalten versucht, und jener andere, der ein heiliges Leben in der Lauheit beginnen will, gleichermaßen täuschen sie sich alle beide, denn das, was sie zu erlangen hoffen, entgleitet ihnen allsogleich... Wenn du dich also der Nachlässigkeit ergibst, dann höre auch auf, vorwärtskommen zu wollen.»[4]

Die Lauheit: «ein entsetzlicher Zustand»

Der Pfarrer von Ars bezeichnet die Lauheit als einen entsetzlichen Zustand der Seele.

«Ich nehme an, meine Brüder, daß ihr zu erfahren wünscht, was man unter dem Zustand dieser Lauheit einer Seele versteht. Nun gut, ich will es euch sagen. Eine laue Seele ist eine solche, die noch nicht ganz tot ist in den Augen Gottes, weil der Glaube, die Hoffnung und die Liebe, die ihr geistlicher Leben ausmachen, noch nicht vollständig erloschen sind; aber es ist ein Glaube ohne Eifer,

---

2 Le Chemin de la Perfection, op. cit. chap XXIII, S. 689.
3 Heinrich Suso, œuvres complètes, Seuil, 1977, S. 157.
4 Heinrich Suso ibid.

eine Hoffnung ohne Festigkeit und eine Liebe ohne Glut... Nichts vermag sie zu bewegen: Sie hört wohl das Wort Gottes, aber sie langweilt sich oft dabei. Sie hört kaum zu, nur aus Gewohnheit, wie jemand, der der Ansicht ist, genug zu wissen oder genug zu tun. Sobald die Gebete einwenig länger sind, verspürt diese Seele einen Widerwillen dagegen. Ihr Geist ist so erfüllt von den Dingen, die sie soeben getan hat oder die sie gerade tun will, daß sie sich im höchsten Grade langweilt beim Gebet und wie in Agonie darniederliegt. Sie lebt noch, aber sie ist zu nichts mehr fähig, was für den Himmel dient (...) Was aber ihre Gebete betrifft, so weiß Gott allein, wie sie beschaffen sind, ach, ganz ohne Vorbereitung sind sie ja.»[5]

In der Apokalypse verwirft Christus mit strengen Worten diese Lauheit oder diesen Mangel an Herzensandacht: «Ich kenne deine Werke (und weiß), daß du weder kalt bist noch heiß. Wärest du doch kalt oder heiß! So aber, weil du lau bist und weder heiß noch kalt, so bin ich daran, dich auszuspeien aus meinem Munde» (Offb 3, 15-16).

«Die Lauheit sorgt sich ja nicht um die Dinge Gottes und zeigt nicht den geringsten Eifer für sie (...) Der Lauheit ist es eigen, daß sie Feigheit und Opferscheu erzeugt sowie eine große Schwäche des Willens und des Verstandes, und sodann verlangt man nicht mehr danach, Gott zu dienen.»[6]

---

5 Robert Morel, «Sermons de J.-B. Vianney, pauvre curé d'Ars», Forcalquier.
6 Johannes vom Kreuz, «Die dunkle Nacht», Seuil, Kap. X, S. 512-513.

Das Feuer der Sehnsucht

Ein solcher Mangel an Sehnsucht ist schädlicher als man glaubt. Es ist unsere Sache, das Feuer unter der Asche neu zu entfachen. Die Liebe ist brennend und will, daß auch wir brennend sind. Sie will die Erde entzünden und sucht solche, die glühende Beter sind.

«Ich will nicht, daß du deine Sehnsucht erkalten läßt, und auch nicht, daß du aufhörst, meine Hilfe zu erflehen! Laß deine Stimme nicht schweigen! Rufe, schreie zu mir, daß ich der Welt Barmherzigkeit erweise.»[7]

Der Prophet Daniel wird der «Mensch der Sehnsucht» oder auch der «Mensch der Auserwählung» genannt. Auf Grund dieser Sehnsucht wird ihm die strahlende Vision des Menschensohnes zuteil. Die Sehnsucht zieht nicht nur das Wasser der Gnade und zahlreiche Gaben auf den Dürstenden herab, sondern auch den «wunderbaren Geber» selbst (Gregor von Narek).

Wie unsere Sehnsucht ist, so ist auch unser inneres Gebet. Es muß sich nicht unbedingt um eine «gefühlte» Sehnsucht handeln, aber es ist die «Sehnsucht danach, Sehnsucht zu haben». Diese tröstliche Offenbarung wurde einer großen Mystikerin des Mittelalters zuteil, der heiligen Gertrud von Helfta, deren Botschaft «für das Ende der Zeiten» bestimmt ist.

«Eines Tages litt ihr Herz darunter, daß ihr Verlangen, Gott zu loben, nicht groß genug war. Da

---

7 Katharina von Siena, «Le livre des dialogues», Seuil.

wurde sie durch ein übernatürliches Licht belehrt,
daß Gott sich, wenn man sonst nichts zu tun vermag, zufrieden gibt mit dem Wunsche, eine große
Sehnsucht zu besitzen, und in diesem Fall ist der
Wunsch der Seele in den Augen Gottes ebenso groß
wie die Sehnsucht selbst. Wenn im Herzen eine solche Sehnsucht lebt, d.h. das Verlangen danach,
Sehnsucht zu haben, dann findet Gott sein Wohlge-
fallen daran, in ihm zu wohnen.»[8]

Wir werden versucht, uns in die Illusion des
Fühlbaren zu begeben, und dies ist eine Versuchung, der selbst die großen Mystiker ausgesetzt
sind, sie, die doch die nicht in Worte zu fassende
göttliche Gegenwart wahrgenommen haben: Die
Wüste ist nicht zu ertragen. Als Gertrud eines Tages
ermattet war und sich danach sehnte, dieses Feuer
zu verspüren, wies der Herr sie darauf hin: «Dein
Wille wird dieses mächtige Feuer sein.» Da verstand sie, daß man allein durch einen Willensakt
die volle Wirkung aller auf Gott ausgerichteten
Sehnsucht erlangen kann.[9]

Dieses Antlitz, das uns verfolgt

Wie sollte unsere Seele, die nach dem Abbild Gottes geschaffen ward, nicht seufzend das Antlitz dessen suchen, der die erschaffende und erlösende
Liebe ist? Da Gott um unsere Unbeständigkeit
weiß, ermahnt er uns in der Bibel immer wieder an

---

8 Gertrud von Helfta, «Le Heraut de l'amour divin», Oudin, 1907, Bd. 1, Buch
  3, S. 226-227, Neue Edition: Sources chrétiennes, Cerf.
9 Op. cit. S. 223-224.

unsere Pflicht, seiner Wunder zu gedenken und die Erinnerung daran weiterzugeben von Geschlecht zu Geschlecht: Shema Israel (Dtn 4,31), Gott selbst aber vergißt nicht seinen durch Eid bekräftigten Bund. Er denkt daran, und er sehnt sich nach uns, bis unser ganzes Sein entzündet wird in der Begegnung mit seinem göttlichen Feuerbrand.

«Denke daran, Jesus Christus ist von den Toten auferweckt worden», ruft der heilige Paulus uns eindringlich zu (2 Tim 2,8). Der Heilige Geist ist es, der dieses Gedenken, das der Schlüssel zur Seligkeit ist, in unsere Herzen senkt: «Er wird euch an alles erinnern, was ich euch gesagt habe» (Joh 14,26).

In Treue haben die Väter die frühe Kirche dazu aufgerufen und sie ermahnt, die Erinnerung an die göttlichen Wunderwerke nicht durch nutzlose Phantasiebilder zu beflecken» (Basilius von Caesarea).

Origenes hielt es für wichtig, «den inneren Menschen von jeglicher Unreinheit zu befreien, ihn zur Buße zu führen und in ihm das Gedenken an Gott zu erwecken.»

Dies ist die Logik der Liebe. Die Regel der Mönche gibt genaue Anweisungen dafür, wie der tägliche Weg zu gestalten ist: Schriftlesung, inneres Gebet, Liturgie; und sie fügt hinzu: «Das ganze Leben hindurch Gottes zu gedenken.»

«Durch das Denken an Gott soll unaufhörlich alles ausgelöscht werden, was an Irdischem im Herzen lebt, damit auf diese Weise nach und nach durch das «Feuer des Gedenkens an das Gute das

Böse vernichtet werde und die Seele mit noch größerem Glanz vollkommen zu ihrer natürlichen
Schönheit zurückzukehren vermag» (Diadochus
von Photice).

Wie soll man es aber anfangen, mit solchem Eifer
des Allerhöchsten zu gedenken, wenn man trocken
ist und ganz ohne Schwung?

> *«Demütig und klein sei der Beginn,*
> *um einzutreten in das Gebet.*
> *Dann wird Er kommen,*
> *und du wirst ganz erfüllt von Ihm.*
> *In den säuselnden Blättern seiner Stimme*
> *wird Er sich vermählen mit dir.*
> *Seinen Namen wirst du öffnen gleich*
> *einer Frucht,*
> *und deren ausgereifte Zartheit findest du.»* [10]

Worte der Braut

Was erwartet die göttliche Liebe? Ein ganz klein
wenig Vertrauen nur, jenes Wort, jenen Namen, den
wir selbst gefunden haben, ganz allein, der aus den
Tiefen des Herzens aufgestiegen ist. Gertrud war
ganz erfüllt von Tausenden solcher Worte einer
«Liebenden». Sie fragt sich: «Gefallen sie ihm?»
«Wozu sind sie nützlich?» Der Herr antwortet ihr
und zeigt ihr ein Bild: eine goldene Kette, die aus
vier Schnüren besteht. Sie versteht es nicht. Die
erste Schnur bezeichnet die Gottheit Christi, die
zweite die Seele Christi, die dritte «die treue Seele,
der er sich vermählte, indem er sein kostbares Blut

---

10 Marie-Pascale, «Le blé en feu», Ed. du Lion de Juda, 1985.

vergoß», und die vierte «den unbefleckten Leib Jesu Christi, als Zeichen für das unzerreißbare Band der Liebe, durch das der Herr diese treue Seele mit seinem Leib und seiner Seele vereint».[11]

Handelt es sich da etwa um ein Bild, das nur geeignet ist, das Herz einer mittelalterlichen Frau zu rühren, aus den Tagen des Minnesangs? Vielleicht, aber welch eine tiefe mystische Theologie von der Fleischwerdung und der Erlösung ist hierin enthalten!

«Am frühen Morgen schon, gleich beim Erwachen, steige aus euren Herzen eines jener Worte auf, wie Braut und Bräutigam sie kennen; das Herz wird davon erleuchtet, und Er, das fleischgewordene Wort, wird davon bewegt und vereinigt sich mit uns. Er hat es versprochen: Am Tage unseres Todes wird er uns diese Worte wiederholen, und Engel und Dämonen werden darüber in Erstaunen versetzt.[12] Ganz gleich, ob die Sehnsucht verspürt wird oder nicht, wir müssen beginnen. Anderenfalls würden wir auch aufhören, "vorwärtsschreiten zu wollen."»[13]

Demütige Worte sind es, Worte aus Lehm und aus Gold, die im Laufe der Jahre, der Monate, der Stunden, der Sekunden, unser Leben mit einer Glut erfüllen werden, die nichts einzudämmen vermag.

«Siehe, Ich habe Meinen Allerheiligsten Namen deinem Munde aufgeprägt.»[14]

---

11 Gertrud von Helfta, op-cit. Bd. 1, Lap. LXVI, S. 289.
12 ibid. Bd. 2, Buch IV, S. 98.
13 Heinrich Suso, op. cit., S. 157.
14 Gertrud von Helfta, op. cit. Bd. 2, Buch IV, Kap. V, S. 36.

Der Name dessen, der das wahre Sein ist, vermag alles, bereitet alles, heilt alles.

Man spricht viel von der Heilung des Gedächtnisses in Bezug auf die «Wunden» der Vergangenheit, sogar die des frühen Lebens im Mutterschoß. Wieviele Gebete, ja, wieviele Menschenleben sogar werden durch diese überflüssigen, unnützen Fesseln behindert und gehemmt. Gott will die Fesseln dieser Pferde lösen, die melancholisch sind oder wild; den unermeßlichen Raum der Seele will er mit der Freiheit beschenken. Vor der Sünde, als das noch nicht mit Schuld beladene Gedächtnis durch nichts geteilt worden war, wandte es sich ganz von selbst aus Liebe der reinen göttlichen Liebe zu. Nun aber ist es wie ein Kompaß geworden, der die Richtung verloren hat. Der Ungehorsam hat es umzingelt und beschmutzt es durch diese Anhäufung von Bitterkeit, Angst, Auflehnung oder auch von bloßen Zerstreuungen.

Der Name des Vielgeliebten

«Siehe, ich habe Meinen Allerheiligsten Namen deinem Munde aufgeprägt.» Dies ist der Kuß des Geliebten aus dem Hohenlied. Der Name Jesus: ein ganz einfaches, so wirkungsvolles Gebet! Ein kostbares Erbe der orientalischen Kirche ist es, dieses Jesus-Gebet, in welchem uns Jesus sehr vertraut geworden ist, ganz gleich, ob wir es mit dem Tschotki[15] beten oder ohne ihn, und wodurch wir vorbereitet werden zum eigentlichen inneren Gebet. Eine Vorbereitung, die von weit her kommt?

Oder ist sie nicht vielmehr immer und überall? Jesus ist gegenwärtig, wenn sein Name in Liebe ausgesprochen wird. Ob man es spürt oder nicht, seine göttliche Gegenwart ist gewiß.

Der heilige Bernhard weiß, wovon er spricht, wenn er sagt:

«In Gegenwart dieses heiligen Namens kann niemand seine gewöhnliche Härte und Starre bewahren, seinen Groll oder seine Schläfrigkeit (...) Wird jemand vom Geiste des Zweifels gepeinigt und bedrängt, dann läßt die Anrufung des Heiligsten Namens augenblicklich die Sicherheit erstrahlen. Dies sind die Krankheiten der Seele, und dies ist das Heilmittel.

Nichts ist besser geeignet als dieser Name, um das Aufsteigen des Zornes einzudämmen oder die Geschwulst des Stolzes zu entfernen, nichts vermag besser die Wunden der Mißgunst zu heilen, nichts bringt sicherer den Ansturm der fleischlichen Leidenschaften zum Stehen, nichts vermag wie er die Habsucht und die Begierde zu stillen (...) Man muß ihn immer bei sich tragen, griffbereit, so daß unser Denken und unser Tun stets auf Jesus gerichtet ist. Er selbst lädt uns dazu ein: "Lege mich wie ein Siegel auf dein Herz, wie ein Siegel auf deinen Arm"» (Hld 8,6).[16]

---

15 Ein aus Wolle geknüpfter Rosenkranz mit hundert oder weniger Perlen, dessen sich unsere orthodoxen Brüder bedienen, um sich zum Herzensgebet anzuregen: Ein Erbe, das in den letzten Jahren auch zu uns gelangt ist.
16 St. Bernhard, Vollständige Werke, Predigt 15 über das Hohelied.

Ein Liebesbrief

Eine «liebende Lesung des Wortes Gottes» ist notwendig, um vor der spirituellen Blutarmut bewahrt zu werden. Täglich sollte man die Heilige Schrift zur Hand nehmen (Theresia von Lisieux pflegte das Evangelium auf ihrem Herzen zu tragen) oder ein gutes Buch aus der Theologie, eine Lebensbeschreibung der Heiligen… Der Heilige Geist weiß uns stets dorthin zu lenken, wo für uns ein Bedürfnis besteht. Die Lectio bewahrt uns vor der Acedie, diesem Zustand des Widerwillens gegen «die Dinge von oben», dieses Überdrusses, den die Väter der Wüste als Sünde bezeichneten. Wenn ein Wort der Heiligen Schrift oder der Liturgie des Tages uns plötzlich in besonderer Weise zu Herzen spricht, mag es gut sein, es aufzuschreiben. Kostbare Funken sind es, aber ein Funke zündet ein großes Feuer an. Wenn dann die Stunde des inneren Gebetes kommt, sieht sich das Herz schon von seinem mystischen Gewand umhüllt. Wieviel verdanken wir im Laufe der Jahre doch diesen bescheidenen Heften, die noch den Wohlgeruch all der Salbungen verströmen, von denen unsere Herzen berührt worden sind! Man kann auch manchmal auf charismatische Art vom Herrn einen Text erbitten: die Antwort wird lichtvoll sein. Theresia von Lisieux liebte es, wenn ihre Schwestern das Evangelium öffneten und ihr eine Stelle mitteilten, die sie im Glauben empfangen hatten. Manchen widerstrebt eine solche Praxis. Es gibt hier jedoch keinen Zwang und keine streng einzuhaltende Methode; eines aber ist gewiß, daß nämlich die

Seele, selbst wenn sie zu einer hohen Stufe des inneren Gebetes gelangt ist, es dennoch nötig hat, gleich einem Bettler einen Text zu erbitten, auf den sie sich stützen kann.

Muß es noch eigens betont werden? Man weiß ja, daß das innere Gebet keine Doktorarbeit ist! Die Psalmen sind noch so von pulsierendem Leben erfüllt, gerade weil sie so einfach sind. Sie waren — und sie sind — wahre Schreie — unsere Schreie —, die zum Herrn aufsteigen, und in denen sich Angst und Freude vermischen, Zärtlichkeit oder ein nicht endenwollendes Fragen. Einen Psalm zu lesen, ehe man einschläft, das bedeutet, ein Samenkorn auszusäen, das ganz von alleine wächst.

Das erfinderische Herz

Auch andere Formen der Vorbereitung bestehen noch. Wichtig ist es, sich wenigstens eine davon zu erwählen. Betrachten wir den Ikonenmaler und schauen wir zu, mit welcher Sorgfalt er sich betend an die Vorbereitung des Brettes begibt. Er glättet das Holz, das einmal eine Ikone sein wird, und bestreicht es sodann mit einer Mischung aus Gelatinelösung und Kreide und umgibt es gleichsam mit einer Haut, wie es auch beim menschlichen Körper ist, der aus «dem Lehm des Erdreichs gebildet ward». Seine Farben bleiben nicht auf der Oberfläche haften; sie dringen ein. Manche sprechen hier von einer Analogie und denken dabei an die Weihe eines Altares, wo der Geist die Materie durchdringt und sie so auf unzerstörbare Weise prägt. Wieviel Mühe kostet es, eine Ikone zu malen, aber Tausende werden vor ihr beten und bei ihr mit Kraft und Frieden erfüllt! Wir aber, die wir lebendige Tempel sind, von welchem Mantel werden wir umhüllt?

Haben wir uns auf die Suche begeben nach der Tunika ohne Naht, der Menschheit Jesu Christi? Ist es das Verlangen unseres Herzens, ehe es am Abend unsere Augen schließt, einzutreten in das Allerheiligste dieser Kirche, die wir selber sind? Wenn wir nur allzu oft das Gefühl haben, trockene Holzscheite zu sein, was ist dann die Ursache? Kommt das von Gott (kontemplative Trockenheit) oder von unserer Lauheit und daher, daß wir nicht vorbereitet sind? Haben wir gebetet, wie der Ikonenmaler es tut, haben wir das Schweigen bewahrt, haben wir unseren Feinden vergeben, wie es uns befohlen ist? Theresia von Avila weiß nichts von einer Trennung zwischen innerem Gebet und Leben, dem Leben des inneren Gebetes, das der bevorzugten Stunde der Begegnung vorangeht und ihr folgt.

Die demütige Sorge darum, unser Herz zu bereiten, ist der erste Schritt auf dem Weg, der zur Quelle führt. Später wird es uns dann möglich sein zu sagen:

> *«Ein wundervolles Gespräch entsteht, ganz von allein, von Sonne und Vögeln erfüllt,*
> *und innen in meinem Haus*
> *verströmt der Jasmin seinen Duft.*
> *Welch eine Anmut und Lieblichkeit jeden Tag!*
> *Eilends naht die Freude sich uns.»* [17]

---

[17] «Le blé en feu», op. cit.

II.

Das mündliche Gebet, das geistige Gebet und das Gebet der Sammlung

Dem Strom des lebendigen Wassers entgegen

«Wen dürstet, der komme zu mir und trinke. Wer an mich glaubt, aus dessen Innerem werden Ströme lebendigen Wassers fließen, wie die Schrift es sagt» (Joh 7, 37-38).

Elisabeth von der Dreifaltigkeit sagt es uns immer wieder mit der ihr eigenen schöpferischen Geisteskraft, daß die drei göttlichen Personen ihre Wohnstatt haben im Inneren unseres Selbst. Es ist keineswegs nötig, bis ans Ende der Welt zu laufen. Das lebendige Wasser wohnt in uns selbst, und die nach dem Bilde Gottes geschaffene Seele sucht das unvergängliche Glück, den Einzigen Gott mit dem dreifachen Antlitz, ob sie sich dessen bewußt ist oder nicht.

> *«Ich beschwöre euch, ihr Töchter von Jerusalem,*
> *wenn ihr meinen Vielgeliebten findet...,*

was werdet ihr ihm sagen?
Daß ich krank bin vor Liebe» (Hld 5,8).

Intuitiv hat Theresia von Avila das geeignete Bild zu finden gewußt, das uns zu helfen vermag, die Tiefen dieses Innewohnens der Dreifaltigkeit zu erfassen. Einen Brunnen stellt sie uns vor Augen. Könnte man leben, so fragt sie, wenn es an Wasser fehlt? Es stillt unseren Durst, und es reinigt uns. Niemand vermag auszukommen ohne es, und um ihr Leben des Gebets besser verständlich zu machen, schreibt die Madre (sie wurde 1970 von Papst Paul VI. zur Kirchenlehrerin erklärt):

«Meines Erachtens kann die Bewässerung eines Gartens auf vierfache Weise geschehen. Entweder schöpft man das Wasser mit großer Mühe aus einem Brunnen; oder man schöpft es, wie ich selbst es schon öfter getan, mit geringerer Mühe und in größerer Menge mittels eines mit Schöpfgefäßen versehenen Rades, das man dreht; oder man leitet das Wasser aus einem Flusse oder einem Bache in den Garten, was noch besser ist, weil die Erde dadurch mehr befeuchtet wird, das Gießen nicht so oft notwendig ist und somit der Gärtner weniger Mühe aufzuwenden hat; oder, endlich, es geschieht die Bewässerung des Gartens durch einen ergiebigen Regen, wenn nämlich der Herr selbst ohne irgendeine Bemühung von unserer Seite den Garten mit Wasser tränkt. Die letzte Art ist unvergleichlich besser als alle vorgenannten.

Wendet man diese vier Arten der Bewässerung, die der Garten erhalten muß und ohne die er verkommen würde, auf den zu behandelnden Gegenstand an, so lassen sich dadurch nach meinem Dafürhalten die vier Stufen des Gebetes, auf die der Herr in seiner Güte auch meine Seele öfter erhoben hat, einigermaßen erklären.»[18]

Das «Buch des Lebens» von der Gemeinschaft der Seligpreisungen[19] bezeichnet diese Stufen als die geeignetsten, um in das innere Gebet einzutreten und darin Fortschritte zu machen: wer weiß, vielleicht bis zur geistlichen Vermählung schon in dieser Welt, sonst aber in der zukünftigen.

Der demütige Beginn

Wenn man das Wasser Eimer für Eimer aus dem Brunnen zieht, so ist das ermüdend; jeder hat wohl schon diese Erfahrung gemacht. Man fühlt sich nach der Gebetszeit völlig erschöpft, weil man seine verirrten Schafe immer wieder in die Hürde des Herzens zurückzuführen sich genötigt sah. Eine Menge der verschiedenartigsten Gedanken, Pläne, Selbstrechtfertigungen und manchmal auch Versuchungen überflutete während dieser Stunde unser Herz und hatte es zu Boden gedrückt. Schmerzhaft wurden wir uns der Last und Schwerfälligkeit des Fleisches bewußt.

Der Schrei der Lippen

Als geistliche Waffe in diesem Kampf kann das mündliche Gebet als erste Stufe zum inneren Gebet

---

18 Theresia von Avila, «Vie», Seuil, Kap. XI, S. 107.
19 Gemeinschaft der Seligpreisungen «Livre de vie», édition du Lion de Juda, 1987.

uns eine Hilfe sein. Wie schon zuvor bei der Vorbe-
reitung vermag auch hier der Tschotki uns großen
Nutzen zu bringen, selbst wenn man wieder und
wieder zur ersten Perle zurückkehren muß, weil die
Einbildungskraft bereits ihre Sprünge gemacht hat
und man sie geduldig wieder einfangen muß.
Ebenso gut kann man auch jede andere Formel
benutzen, wie z.B. jene, die die Wunden Christi ins
Gedächtnis ruft: «O Jesus, durch die Verdienste deiner heiligen Wunden gewähre uns Verzeihung und
Barmherzigkeit!» Dies ist ein Gebet, das Marie-
Marthe Chambon empfing, eine Ordensschwester
von der Heimsuchung, die weder des Lesens noch
des Schreibens kundig war und die damit die Botschaft der heiligen Marguerite-Marie vervollstän-
digte. Manche wiederholen die Worte: «Heilige
Maria, Mutter Gottes, bitte für mich Sünder»; oder
jenes andere Gebet, über das Schwester Faustina
belehrt worden war: «Ewiger Vater, ich opfere dir
den Leib und das Blut, die Seele und die Gottheit
deines vielgeliebten Sohnes, unseres Herrn Jesus
Christus, auf, für unsere Sünden und die der ganzen Welt. Durch Sein schmerzhaftes Leiden hab
Erbarmen mit uns.» Alles das ist recht und gut.
Normalerweise soll dieses erste Stadium mit der
Zeit überwunden werden; Theresia weist aber darauf hin, daß es Seelen gibt, die dazu ihr ganzes
Leben lang nicht fähig sind, die aber dennoch auf
Grund ihrer Treue zur Heiligkeit gelangen; um
einen guten Weg der Demut handelt es sich hier.

Das verborgene Lied

Eine andere Waffe ist der kaum hörbare oder ganz aus dem Inneren sich vollziehende Zungengesang. Sein Ziel, wie man weiß, besteht darin, die Persönlichkeit aufzubauen und zu festigen. Viele Menschen bezeugen, daß sie nur auf diese Weise zu beten vermögen und erkennen, wie sehr sie dadurch im Kindsein vor dem Antlitz Gottes bewahrt werden.

Der Blick auf die heilige Hostie

Eine noch wirksamere Waffe ist der auf die heilige Hostie gerichtete Blick. Wohl betrachtet man auch eine Ikone, um ihren Geist in sich eindringen zu lassen und dadurch zur Verinnerlichung zu gelangen... Hier aber, in diesem Mysterium der verborgenen Epiphanie, wird, dem Erkennen verhüllt, die vollkommene Ikone des Vaters angebetet. Die auf das Konzil folgende Zeit hat das zentrale Mysterium der Eucharistie wieder ins Licht gerückt, denn hier, in diesem bedeutenden Augenblick, wird man sich, um den Altar geschart, der Kirche als des Leibes Christi bewußt. Es kam aber auch vor, daß der Sinn für die eucharistische Gegenwart, die ja auch nach der heiligen Messe besteht, mehr oder weniger verloren ging. In den Pfarreien gab es keine Anbetung mehr, kaum noch in den Klöstern, es fanden keine Prozessionen mit dem Allerheiligsten Altarssakrament mehr statt, und manchmal war sogar der Tabernakel leer. Es bestehen jedoch Gemeinschaften, die in der unschätzbaren Gnade

leben, daß dort Christus in seinem eucharistischen
Leib den ganzen Tag und die ganze Nacht ausgesetzt ist. Nach dem Zweiten Vatikanischen Konzil
hatte man befürchtet, daß die heilige Hostie zu
einer «Sache» werden könne. Wir aber wissen, daß
hier das fleischgewordene Wort zugegen ist, das
gestorben und auferstanden und in den Himmel
aufgefahren ist, das verherrlicht wurde und nun
durch die Transsubstantiation in der Erschei-
nungsform der Eucharistie zugegen ist und von uns
angebetet wird!

Die heilige Marguerite-Marie erleuchtet uns. In
der heiligen Hostie betet das fleischgewordene
Wort durch sein eucharistisches Herz den Vater an.
Es ist die gleiche Bewegung des Aufstiegs zur Allerheiligsten Dreifaltigkeit, von der wir bei der heiligen Messe erfaßt und mit allen heiligen Messen
vereint werden, die man irgendwo in diesem
Augenblick zelebriert, mag es auch mit einer Kon-
servendose sein in einem Straflager in Sibirien.
Wenn man auf seinem Gebetsschemel ausharrt,
eine ganze Stunde lang, koste es, was es wolle, so
bedeutet dies, ein kosmisches Tun zu vollziehen,
sich in glühendem und unaufhörlichem innerem
Gebet dem Lamme zu nähern, das alles an sich
zieht, wie der Herr es uns versprochen hat, Er, der
uns dem Vater darbringt, der sich allen gibt und
uns überflutet mit dem Strom aus der lebendigen
Quelle, seinem Heiligen Geist. Brüdern und Schwestern begegnet man, die aus dem Gebete hervortre-
ten wie aus einem Kampf, dem Kampfe des Jakobs.
Ohne daß sie sich dessen bewußt werden, finden sie

sich von einer Art flüchtiger Aura durchstrahlt. Hierbei handelt es sich jedoch um Dinge, die unwägbar sind. Wir vermögen uns kein Bild zu machen von der unermeßlichen Fruchtbarkeit des eucharistischen Gebetes. Durch uns und unsere wirkliche Armut hindurch strömt die Gnade in die Welt, die so krank darniederliegt.

Anbeten, das heißt, vom Feuer entzündet zu werden

Das ganze Weltall tragen wir; nicht «vor» das göttliche Feuer, sondern eingetaucht «in» diese Liebe, die ganz brennend ist. Gott liebt es, sich im Feuer kundzutun. Das Ewige Wort ist Licht:

«In ihm war das Leben,
und das Leben war das Licht der Menschen,
und das Licht scheint in der Finsternis»
(Joh 1, 4-5).

So sind einander zugeordnet: Leben und Licht, Leben und Feuer. Das Leben ist brennend. Wenn ich mich dem eucharistischen Feuer aussetze, werde ich eines Tages von ihm verzehrt.

Schon jetzt — trotz der scheinbaren Kälte — berührt diese Glut jene Zonen des Schattens, die in mir sind, und die eines ganzen Volkes, das ich auf meinem Herzen trage gleich einem Myrrhenstrauß; wie die Braut im Hohenlied.

Der heilige Johannes vom Kreuz verbrachte in den Nächten lange Stunden auf den kalten Stufen des Altars; das gleiche tat der heilige Dominikus, indem er flehentlich rief: «Was wird aus den Sündern, Herr?»

In diesem Feuerbrand geschieht es, daß alles gereinigt wird. Maria von der Inkarnation aus Kanada sagte, daß dieses eifersüchtige Feuer nichts Unreines in sich erträgt. Werfen wir also alle Unreinheiten zusammen in diese Glut, damit sie verzehrt werden in ihr. Nach nichts anderem verlangt sie ja. So kann unser Blick in dieser Anbetung des reinen Brotes staunend bei dessen unbegreiflicher Demut verweilen.

> «*O von allem entblößtes, o armes,*
> *o ausdauerndes Gebet!*
> *Von ihm sich durchdringen lassen.*
> *Stundenlang dabei verweilen.*
> *In seinem unsichtbaren Antlitz wohnen,*
> *im Schweigen aller Dinge.*
> *O Fülle des Lebens!*»[20]

Das geistige Gebet

Die heilige Theresia von Avila gibt fast keine ausführlichen Erklärungen über diese zweite Stufe des inneren Gebetes, das geistige Gebet. Sie verwirft es nicht und gibt sogar die Empfehlung, gelegentlich zu ihm zurückzukehren, wenn auf manchen höheren Stufen des inneren Gebetes Schwierigkeiten auftreten.

«Denen, die diese Art des inneren Gebetes pflegen und die schon daran gewöhnt sind, habe ich nichts zu sagen; der Herr selbst wird sie hinführen zum Hafen des Lichts, und ein so guter Beginn wird sie zu einem ausgezeichneten Ziel geleitet. Wer immer

---

20 «Le blé en feu», op. cit.

diesen Weg beschreitet, wird darin Ruhe finden und Sicherheit.»[21]

Die Seele bleibt nun nicht mehr dabei stehen, Worte zu formulieren, wie es auf der ersten Stufe der Fall gewesen war. Sie hat einen Text gefunden, von dem sie wie durch einen Funken berührt worden ist, vielleicht bei der Lectio oder etwa, als sie die Meßtexte des folgenden Tages las. Es kann auch sein, daß man sich zu einer Begebenheit aus dem Leben Jesu hingezogen fühlt, die Krippe vielleicht oder sein Gebet in Gethsemane. Langsam, Satz für Satz, liest man die betreffende Stelle; so wird der Geist ganz durchdrungen von dieser Begebenheit. Die Einbildungskraft versucht nun, sich darauf zu fixieren, aber immer aufs neue muß sie zurückgerufen werden, da sie wieder und wieder entflohen ist, einer Bergziege gleich. Der Verstand dringt nun tiefer ein in diesen oder jenen Aspekt, wie z.B. das Blutschwitzen oder die Klage über die Apostel, die eingeschlafen sind. Er vergleicht die Begebenheit mit dem leidenden Gottesknecht des Isaias. Durch den Willen wird nun das Herz in Bewegung versetzt, und mit dem Vielgeliebten leidet es; man nimmt sich ernsthaft vor, sich zu bekehren, man faßt den Entschluß, sich in diesem oder jenem Bereiche anders zu verhalten, da es uns plötzlich scheint, daß die bisherige Handlungsweise nicht übereinstimmt mit einem Leben im Heiligen Geist. Das ist nicht immer leicht. Vielleicht ist es nötig, immer wieder auf den Text zurückzukommen, aber

---

21 «Le chemin de la perfection», op. cit., chap. XXI, S. 674.

diese demütige Treue Tag für Tag erfüllt unsere Seele mit dem Wasser des Heils.

Das fleischgewordene Wort erkennen

Es handelt sich um das sehr solide Fundament eines Gebäudes, das dazu bestimmt ist, sich zu einem innigeren und fruchtbareren Gebet zu erheben. Diese Arten des geistigen Gebetes, besonders aber die Meditation über das Todesleiden Christi, führen zu einem immer tieferen Erkennen der Person des fleischgewordenen Ewigen Wortes. Die heilige Marguerite-Marie erzählt:

«Einmal, am Tage des heiligen Franziskus (1686), während meines inneren Gebetes, ließ unser Herr mich diesen großen Heiligen schauen; er war von Licht umhüllt und von einem Glanz, der jedes Verstehen übersteigt. Seine Herrlichkeit zeigte sich größer als die der anderen Heiligen, da er mit dem Leiden unseres göttlichen Erlösers so gleichförmig geworden war, da er dem Leben unserer Seelen nahestand und den Sehnsüchten unserer Herzen, und da er dem göttlichen Erlöserleiden eine solche Zuneigung und Verehrung entgegengebracht hatte, daß der göttliche Liebende bewogen wurde, ihm Seine heiligen Wunden aufzuprägen, und so ist er zu einem der größten und bevorzugtesten Liebhaber des Heiligsten Herzens geworden, was ihm eine große Macht verlieh, die Verdienste Seines kostbaren Blutes wirksam werden zu lassen, da er so gewissermaßen zum Austeiler dieses göttlichen Schatzes wurde, wobei er ganz besonders jener Ordensleute gedachte, die in der Befolgung ihrer Regeln nachlässig geworden waren, und für welche er sich beständig seufzend zu Boden warf...»[22]

Ausgehend von der täglichen Meditation eines der Mysterien aus dem Leben Jesu kann die Seele gleich der des heiligen Franziskus zur höchsten Stufe der Vereinigung emporgehoben werden, wie sie auf Erden möglich ist, was zweifellos einige an sich selbst erfahren..., ob mit oder ohne Stigmatisation...

Das geistige Gebet kann das ganze Leben hindurch bestehen bleiben. Manche werden es kaum jemals überschreiten:

«Seine Majestät weiß zu warten, tagelang, jahrelang»; besonders wenn der Herr Ausdauer und das rechte Verlangen in uns erkennt. Die Ausdauer ist hier am nötigsten, da sie uns immer zu großem Gewinn verhilft.»[23]

Theresia weiß, was es kostet, die Treue zu bewahren. Jahrelang war das innere Gebet eine Qual für sie. Da sie selbst zu kämpfen hatte, ist ihr Zeugnis von um so größerem Wert. Auch Marthe Robin empfiehlt diese Ausdauer im inneren Gebet.

Die Unersetzlichkeit des inneren Gebetes

«Die häufige Kommunion ist ein Rat, das innere Gebet aber ein göttliches Gebot. Betet, betet ohne Unterlaß; schwierig ist es, jedoch, ohne Unterlaß zu

---

22 «Vie et œuvres de Marguerite-Marie Alacoque», Gigord, 1915, tome 2.
23 Theresia von Avila, «Le Château intérieur», II. Demeure, S. 837.

beten, wenn das Herz nicht mit guten, heiligen Gedanken erfüllt ist, den Früchten der Meditation.

Es ist anstrengender, sich dem inneren Gebete zu widmen als zur heiligen Kommunion zu gehen. Die Kommunion ist ein äußerer Akt, der in sich selbst für die Seele eine Freude ist und ein Trost... Das innere Gebet aber, das aus einem verborgenen Gespräch zwischen Gott und der Seele besteht, erfordert, besonders zu Beginn, einen gewissen Zwang und eine Mühe... Eine viel größere Anstrengung braucht es hierzu. Im übrigen kann der Fall eintreten, daß die sakramentale Kommunion während eines langen Zeitraums nicht möglich ist, etwa wegen dieser oder jener Krankheit, die Gott seinem Geschöpfe schickt, um es zu prüfen, und diese Verhinderung, sofern sie nicht von uns verschuldet ist, verhindert nicht unsere Heiligkeit... Das innere Gebet aber, das während der geistlichen Kommunion verrichtet werden kann und soll, ist immer möglich, wenn es auch nur wenige Augenblicke währt.

Die heilige Kommunion setzt nicht notwendigerweise die Tugend voraus; man kann kommunizieren und dabei schuldig werden am Leibe und Blute Unseres Herrn. Zwar besagt auch das innere Gebet keineswegs, daß man die Tugend bereits erworben hat, es ist jedoch ein Zeichen dafür, daß man ernsthaft daran arbeitet, sie sich zu eigen zu machen.

Jemand hat gesagt: Man trifft Christen an, die alle Tage kommunizieren und die dabei im Zustand der Todsünde sind; Christen, die sich auf alle mögliche Weise abtöten und doch in der Todsünde verharren. Niemals aber wird man eine Seele finden, die sich alle Tage dem inneren Gebete weiht und die dabei in der Sünde verbleibt.

Wenn mein Seelenführer diese Zeilen liest, möge er meine Intentionen nicht mißverstehen und darin nicht ein Nachlassen des Eifers und der Glut meiner Seele sehen, was den Empfang der heiligen Kommunion betrifft. Ich wollte nur darauf hinweisen, in welchem Irrtum sich manche Seelen befinden, die sehr darüber beunruhigt sind, wenn sie einmal nicht kommunizieren konnten, die jedoch überhaupt nicht an das innere Gebet denken, das sie hätten verrichten können und das sie willentlich abgekürzt oder ganz ausgelassen haben und die sich gar keine Mühe geben, eine Gebetszeit nachzuholen, obwohl es ihnen ohne Schwierigkeiten möglich ist.

O! Wir, die wir um die Gabe Gottes wissen und um seinen Plan mit uns, machen wir es uns zur Pflicht, niemals freiwillig das innere Gebet zu unterlassen, sondern es vielmehr nachzuholen, wenn wir es jemals abkürzen mußten oder gar nicht dazu gekommen sind. Denken wir daran, daß bei der Vernachlässigung der Kommunion wie auch der Gebetszeit ein Lücke im Tageslauf einer Seele bleibt, die Gott ganz hingegeben ist.»[24]

Die Seele, die meditiert, kann nicht in Blindheit verharren, sondern sie erkennt, ob sie mit dem Willen Gottes in Übereinstimmung lebt. Theresia

---

24 Marthe Robin, «Contempler une activité de l'homme», in der Zeitschrift «Dieu est amour», Nr. 62, S. 11.

zögert nicht, nachdrücklich hinzuweisen auf diese Grundlage eines Lebens in Gott:

«Etwas sehr wichtiges gebe ich euch hier zu bedenken; traget Sorge dafür, es niemals zu vergessen: Das einzige Bestreben dessen, der sich aufmacht, um sich dem inneren Gebete hinzugeben, muß darin bestehen, die guten Entschlüsse in sich zu festigen und kein Mittel zu scheuen, um seinen Willen dem Willen Gottes gleichförmig zu machen (...) Seid fest davon überzeugt, daß darin die höchste Vollkommenheit besteht, zu der eine Seele auf dem geistlichen Wege gelangen kann. Je mehr euer Wille mit dem Willen Gottes übereinstimmt, um so mehr werdet ihr auch von ihm empfangen, und um so fortgeschrittener seid ihr auf dem Wege zur Vollkommenheit.»[25]

Das Gebet der Sammlung ist von höherer Qualität als das geistige Gebet. Vom Wortsinn her handelt es sich darum, das zu sammeln, was zerstreut gewesen war.

«Ihr müßt damit beginnen, euch zu sammeln, nicht gewaltsam, sondern auf sanfte Art.»[26]

Jahrelang — es mag allerdings auch vorkommen, daß einige Monate genügen — hat die Seele versucht, sich Gewalt anzutun, indem sie ihre Kräfte und Fähigkeiten, die noch kaum von der einen und einzigen Gottesliebe entzündet waren und die in der Gegenwart Gottes Überdruß empfanden, zu ihrer Quelle zurückzuführen.

---

25 «Le Château intérieur», op. cit. S. 841.
26 ibid. S. 843.

Die bereits erahnte Liebe, die verlockt

Nun wird ihre Treue belohnt, nun wird es geschehen, daß die Seele, nachdem sie unter Willensanstrengung einen einfachen Satz oder das Wort eines vorbereiteten Textes gelesen hat, die Verlockung des Vielgeliebten verspürt. Es ist für sie fast nicht mehr nötig, sich eine Begebenheit aus dem Evangelium vorzustellen und viele Worte zu machen. Im Gegenteil, es bedeutet für sie eine Last. Hier handelt es sich um ein Weitwerden der Seele, denn die Fähigkeit zu lieben, nämlich der Wille, hat einen viel größeren Einfluß auf sie. Sie weiß, daß der Brunnen der göttlichen Liebe in ihr wohnt, daß dieses lebendige Wasser für sie in Reichweite ist.

In Demut und mit Danksagung soll sie sich der göttlichen Liebe übereignen.

Die Seele steigt in ihr Innerstes hinab, dorthin, wo der Vielgeliebte wohnt. Ihr Blick trinkt sich satt an dieser göttlichen Gegenwart, dem fleischgewordenen Wort. Es ist gleichsam ein Sabbat-Tag des Herzens, ein Ruhen in der göttlichen Liebe, die Nahrung gibt, die stärkt, die vor allem zur Einheit führt. Die Welt und alles, was sie an Verlockendem hat, verliert sich im Nebel. Gott allein wird der Gegenstand unseres Verlangens.

> *«Ein Seufzen in den Bäumen.*
> *Der göttliche Ruf des Liebenden.*
> *Ganz flüchtig, einen Augenblick lang,*
> *hast du die Flamme bemerkt, die vorüberflog.*
> *Einen Augenblick lang nimmst du die Füße*
> *des Königs wahr. Er tanzt.*
> *Wie wird es weitergehen mit dir,*

o, da du ausharrst,
da schon der feurige Wagen dich entführt?»[27]

Die Person des fleischgewordenen Wortes ist es, die anzubeten es sich geziemt. Diese flüchtige Umarmung genügt, um die Sehnsucht zu entzünden. Nun hat die Seele die Betrachtung einer Begebenheit aus dem Leben Christi, die mehr oder weniger trocken war, hinter sich gelassen. Die göttliche Person selbst ist es, nach der sie verlangt:

«Erwägen wir, daß Er es ist, der uns betrachtet, daß Er es ist, dem wir Gesellschaft leisten; sprechen wir zu ihm, breiten wir unsere flehentlichen Bitten vor ihm aus, demütigen wir uns, freuen wir uns mit ihm und denken wir daran, daß wir es nicht verdienen, uns in seiner Gegenwart zu befinden.»[28]

Der Wille bleibt hier aktiv. Das geistige Gebet hatte mit dem Beten des Tschotki begonnen, dann trat die Sammlung ein. Die Bienen — ein Bild, das Theresia geläufig ist — sind in den Bienenstock zurückgekehrt. Die Seele aber soll sich in ihrer Freude darüber nicht auf egoistische Weise in sich selbst verschließen in dieser so sehr ersehnten Sabbat-Ruhe.

Nicht für mich, sondern für dich

Nicht für sich begibt man sich zum inneren Gebet, sondern um die göttliche Liebe anzubeten. Die Falle, die der Böse uns hier stellt, ist eine Art spiritueller Trägheit in einer Ruhe, die immer zwie-

---

27 «Le blé en feu», Nr. 2, op. cit.
28 «Vie», op. cit., S. 136.

spältiger wird, von der Gegenwart des Lammes ent-
leert, da der Wille sich dem Schlaf überlassen hat.
Wichtig ist es daher, wachsam zu sein und eine so
große Gnade nicht verlöschen zu lassen.

Klein bleiben

Eine andere Falle des Widersachers besteht
darin, uns glauben zu machen, daß wir bereits zu
den höchsten Stufen des geistlichen Lebens gelangt
sind und den immer in unserem Inneren lauernden
Stolz aufzuwecken, dieses unglückselige Erbe der
Sünde des Beginns. Dann hört der Blick auf, das
fleischgewordene Wort anzubeten und leistet Göt-
zendienst dem eigenen Ich. Der Gehorsam ermattet, und der geistliche Vater, der Verantwortliche,
kann so viel reden, wie er will, man glaubt sich
unverstanden und von jedem Fehler frei. Dies ist
das traurige Ergebnis eines Mangels an Wachsamkeit in der Demut, während die Seele schon dabei
war, in eine neue entscheidende Phase einzutreten,
das kontemplative Gebet...

Diese drei ersten Stufen entsprechen nämlich
dem Wasser, das man mit großer Mühe, Eimer für
Eimer, aus dem Brunnen zieht. Wenn die Seele die
Versuchungen der Trägheit, der Passivität und des
Stolzes besiegt, wird sie das Gebet der Ruhe und
sodann die anderen Formen des Gebetes der Vereinigung verkosten, deren Ziel die mystische Vermählung ist.

III.

Kontemplative Gebetsformen:
Ruhe —
Die passive Reinigung der Sinne

Ein Tempel der Liebe

Um in diesen geheimnisvollen Bereich der kontemplativen Gebetsformen einzudringen, ist es jetzt erforderlich, von der inneren Burg zu sprechen, ohne jedoch das erste Bild des Brunnens zu vergessen, das uns Theresia in ihrer Lebensbeschreibung vor Augen gestellt hat. Die drei letzten Arten, die Seele mit dem Regen der Gnade zu bewässern, entsprechen neuen Stufen.

Ehe Theresia im Gehorsam über das innere Gebet zu schreiben begann, war sie wegen der Reform des Karmel, die sie in die Wege geleitet hatte, von den meisten verhöhnt und verleumdet worden; da zog sie sich nach Toledo zurück und erlangte betend von Gott die Vision einer Seele, die ganz von Gnade erfüllt war (wie es später der Fall war bei Pfarrer von Ars).

Sie sieht eine Burg, die aus sieben Wohnungen besteht (die ihrerseits noch viele andere enthalten):

«Ich sage euch, bedenkt, daß es dort nicht nur einige wenige, sondern eine unendlich große Zahl von Wohnungen gibt. Die Seelen treten auf die verschiedensten Weisen in sie ein, sie alle aber werden von einer guten Absicht gelenkt.»[29]

Hat der heilige Paulus nicht gesagt, daß wir Tempel Gottes sind? Theresia aber sieht eine Burg (man ist in Spanien...) aus reinem Diamant, einer Art «orientalischer Perle». Die Wohnungen sind alle auf das lodernde Feuer hin ausgerichtet, das in der Mitte glüht: es ist die Heiligste Dreifaltigkeit. Man kann von einer Wohnung in eine andere überwechseln, leider manchmal aber auch rückwärts schreiten; dies ist aber nicht mehr in der sechsten und siebenten Wohnung der Fall, wo die spirituelle Verlobung und Hochzeit sich vollzieht.

Treu sein im Kampf des Gebetes

Die drei ersten Stufen des Gebetes, nämlich des mündlichen, des geistigen und des Gebetes der Sammlung entsprechen den drei ersten Wohnungen.

Es gibt Seelen, die die Initiative ergreifen in diesem gewaltigen Kampf gegen die Trockenheit, welche von ihren Sünden herrührt oder von ihrem Mangel an Vorbereitung, schließlich auch von vorübergehendem Überdruß, der die verschiedensten Ursachen haben kann. Theresia hat einige Illusio-

---

29 «Le Château intérieur», op. cit. I. Demeure, S. 829.

nen erkannt, nämlich die des sinnenhaft Wahrnehmbaren oder die einer zu hohen Bewertung der Verstandestätigkeit, wodurch das Herz blockiert wird und diese plötzlich auftretenden Hinneigungen der Liebe zum fleischgewordenen Wort verhindert werden. Sie hat Kämpfe geführt, um die Treue zu bewahren, sie hat sich immer wieder in Frage gestellt und mit Hilfe der Gnade und durch eine Anstrengung des Willens etwas von der göttlichen Süßigkeit verspürt.

Auf ganz verschiedene Weise wirkt Gott in einem jeden von uns! Dies hier ist der Weg der Theresia von Avila, die göttliche Liebe vermag aber auch auf anderen Wegen zu führen. Es bleibt indessen die Tatsache bestehen, daß die in die Tiefe gehende psychologische Kenntnis der Heiligen, sowie ihre Erfahrung und mütterliche Güte einen sicheren Weg aufzeigen, zumindest in den ersten Wohnungen.

Es gibt indessen auch Seelen, die sich von Anfang an zum Gebete der Sammlung emporgezogen fühlen, ohne sich vorher zum mündlichen oder geistigen Gebete zwingen zu müssen. Die heilige Marguerite-Marie, die es gewohnt war, von früher Jugend an den Herrn zu betrachten, litt, als sie bei den Schwestern der Heimsuchung eingetreten war, unsäglich darunter, sich auf einen bestimmten Gegenstand konzentrieren zu müssen, und noch mehr, wenn sie den Rosenkranz und andere durch die Regel vorgeschriebene Gebete verrichten mußte. Schließlich befreit die Seele sich davon, denn Gott «zieht» sie hin zu jenen Arten des Gebetes, die das eigentlich kontemplative Gebet genannt werden.

Die Herrlichkeit schauen

Betrachtend schauen, das heißt, aufmerksam, staunend, hingerissen schauen. Angesichts dieser göttlichen Schönheit, dieser Herrlichkeit, hat uns allen der Atem gestockt. Gott, der die Schönheit ist, nach der jedes Wesen sehnend verlangt, wird nun die Seele an sich ziehen und sie aus der aktiven Sammlung herausreißen, zu der die Treue sie gelangen ließ, um sie in die Passivität hineinzuführen, «in die reine Hingabe an Gottes liebende Initiativen».[30]

«Die Kontemplation ist nichts anderes als eine verborgene, friedvolle und liebende Eingießung Gottes, die, wenn man ihr Raum gewährt, die Seele im Heiligen Geiste der Liebe entflammt.»[31]

Ruhe...

«Auf diese Weise kann der Herr uns zum Gebet der Ruhe führen, in welchem der Wille auf sanfte Weise gefesselt ist. Nun verlangt die Seele nach nichts anderem mehr als danach, bei ihrem Gott zu verweilen und spricht mit dem Apostel Petrus: "Herr, wir wollen hier drei Zelte aufrichten"» (Mt 17,4).[32]

---

30 «Le Livre de Vie», op. cit.
31 «La nuit obscure», op. cit. Livre 1, Kap II.
32 «Livre de Vie», op. cit.

Wie oft geschah es, wenn wir wie gewöhnlich
gesammelt waren (was jedoch nicht die anfängli-
che Mühe der Vorbereitung ersparte), daß ein einziges Wort uns zur Liebe Gottes emporgehoben
hat... Hier gibt es nichts mehr zu sagen, sondern
nur noch zu lieben, zu lieben, zu lieben... O, möge
der Wille sich jetzt an diese sich offenbarende
Schönheit Gottes anklammern und Ihn anbeten.
Nun verlangt die Seele nicht mehr danach, umher-
zuschweifen und sich etwas vorzustellen, was
immer es auch sei.

... aber keine spirituelle Trägheit

Von dieser göttlichen Berührung kann die Seele
am Ende eines sogenannten aktiven Gebetes der
Sammlung plötzlich ergriffen werden; mit der Zeit
aber geschieht es, daß die Gnade sogleich in einer
Art Ruhe von ihr Besitz ergreift. Es handelt sich um
eine Ruhe, aber nicht um eine Erschlaffung in der
Liebe und nicht um eine spirituelle Trägheit, sondern um die Süßigkeit, in Gott zu sein, näher am
Mittelpunkt, der sie fasziniert.

«Da die Wohnungen sich nun schon näher an
dem Orte befinden, wo der König wohnt, ist auch
ihre Schönheit noch strahlender.»[33]

Dieses Gebet der Ruhe, das so voll Süßigkeit ist,
da die Seele dieses Einströmen der Gnade verspürt,
geht jedoch nicht ohne einiges Erschrecken für sie
ab.

---

33 «Le Château intérieur», IV. Demeure, S. 864.

Sanfte, fast unmerkliche Berührungen

Da die göttlichen Berührungen bald sehr zart werden, scheint es der Seele, als entferne sie sich von Gott, da sie ihn nicht mehr wahrnimmt, ihn nicht mehr fühlt. Vielleicht hatte sie sich vorgestellt, daß dieser Zustand der großen Ruhe andauern würde; der endgültige Sabbat aber ist für den Himmel reserviert oder für jene, die es wagen, sich den noch schrecklicheren Prüfungen der sechsten Wohnung zu stellen.

In dieser vierten Wohnung ist eine solche Art von kontemplativer Trockenheit nicht irgendeiner schuldhaften Lauheit zuzuschreiben. Der Allerhöchste hat sie vielmehr erlaubt, da er nun das, was fleischlich ist, reinigen will. Der heilige Johannes vom Kreuz nennt das die Nacht der Sinne.

Die Nacht der Sinne

An einem positiven Zeichen vermag der (geistliche) Berater das göttliche Wirken zu erkennen: Ungeachtet dieser Unfähigkeit der Seele, sich Vorstellungen hinzugeben oder gegenständlich zu denken, wie es beim geistigen Gebete geschah, liebt sie es, allein mit Gott zu verweilen. Sie versteht nichts von dem, was an ihr geschieht. Sie leidet unter diesem Mißverhältnis, diesem unermeßlichen Abstand zwischen ihrem Elend und diesem Glanz und dieser Herrlichkeit, von der sie ein wenig erahnt. Der Eintritt in diese Nacht der Sinne wird oft als ein Drama erlebt.

In seinem Buch «Mystère d'amour et Ministère de guérison» (Mysterium der Liebe und Heilungsdienst) widmet der Arzt und Diakon Philippe Madre dieser Erfahrung ein ausführliches Kapitel:

«Die Erfahrung der passiven Reinigung der Sinne ist für den Menschen notwendig, weil die Liebe in ihm von sich aus nicht geordnet ist. Die Sünde hat dazu geführt, daß der Mensch seiner Harmonie und seiner inneren Einheit verlustig ging. Da er schon seine Struktur verloren hat und von jeder Art von Leidenschaften, die letztenendes egoistisch sind, hin- und hergeworfen wird, liebt der Mensch sich selbst nicht wahrhaft, denn einerseits kennt er sich selbst nicht mehr in der Wahrheit, und andererseits hat er allen Elan in der Liebe verloren, da diese durch seinen Zustand als Sünder in Mitleidenschaft gezogen ward oder ganz verdorben ist.»

Drei Hauptfehler

Die Nacht der Sinne hat also zum Ziel, diese Neuorganisation der Liebe zu sich selbst in Angriff zu nehmen und die drei Hauptfehler der Seele zu bekämpfen: den geistlichen Stolz[34], (der so schnell dazu antreibt, uns glauben zu machen, wir seien bereits zu den höchsten Gipfeln der mystischen

---

34 Mancherorts ist zu diesem Thema gelehrt worden, daß die Ausgießung des Heiligen Geistes sofort mitten in die vierten Wohnung führt, wie sie von Theresia von Avila in Ihrem Buche: «Die Seelenburg» beschrieben wurde. Es handelt sich um eine vollständig irrige Lehre, die den geistlichen Stolz begünstigt. Es ist immer gefährlich, sich selbst auf einer der Stufen des spirituellen Lebens sehen zu wollen.

Erfahrung gelangt), die spirituelle Genußsucht, (die uns fühlbare Tröstungen suchen läßt und nicht in erster Linie die Gegenwart Gottes im Glauben), und die geistliche Trägheit oder Acedie (die dazu führt, daß unsere Standhaftigkeit im Gebet, das aufmerksame Hören und die Treue stark in Mitleidenschaft gezogen werden).

Johannes vom Kreuz legt Wert auf die Feststellung, daß die Seele großen Nutzen daraus zieht, zu gegebener Zeit nur im reinen Glauben zu wandeln, d.h. ohne fühlbare Phänomene und ohne irgendeine Mitwirkung der Einbildungskraft.

Um die gewohnheitsmäßigen — auch die spirituellen — Aktivitäten der Seele zu reinigen und umzuwandeln, zieht der Herr teilweise sein Licht und seine gewohnte Hilfe zurück. Statt dessen ergießt er in sie «einen Strahl höheren Lichtes», der sehr subtil ist und als solcher gar nicht wahrgenommen wird, da die Seele noch zu ausgegossen und zu «ungeschliffen» ist, um ihn wahrnehmen zu können. Dieses höhere Licht reicht gerade dazu aus, den Menschen in seiner Tiefe auf Gott hin auszurichten. Bereits in diesem Stadium handelt es hier um das, was man das Gebet der Ruhe nennt, aber die Ausstrahlung ist noch zu schwach, als daß der, der sie empfängt, sich ihrer bewußt werden könnte. Diese Ausstrahlung erstreckt sich, wie Johannes vom Kreuz erläutert, sowohl auf den Verstand als auch auf den Willen, die aber, weil jene an deren Intensität nicht gewöhnt sind, paradoxerweise als Dunkelheit erscheint. Es ist wie mit dem Auge, das in die Sonne schaut, wenn diese hoch am

Himmel steht. Zwar ist das Auge ganz von Licht erfüllt, das erste Ergebnis aber besteht darin, daß man geblendet ist und den Eindruck von Dunkelheit hat.

Dieses Licht breitet sich jedoch nicht auf die «verdorbenen» Fähigkeiten der Seele aus, nämlich die Einbildungskraft, die Gemütserregbarkeit und das Gedächtnis, die auf die Verdunkelung des Willens und des Verstandes so reagieren, daß sie offensichtlich ohne Zusammenhang funktionieren und innere Stürme verursachen, die manchmal qualvoll sind. Dies ist die schmerzvolle Seite der Nacht der Sinne, in welcher die Versuchungen des Bösen sehr heftig sind und die Person, die sich auf dem Wege der Reinigung befindet, ganz hilflos machen.»[35]

Es ist jetzt die Zeit, da die Seele sich unbedingt von allen Arten von Anhänglichkeiten befreien muß, die der Heilige Geist nicht zögern wird, ihr aufzuzeigen. In der Tat, in dieser vierten Wohnung hat der «ausgezeichnete Geber» die Seele mit hervorragenden Gaben erfüllt, und sie ist keineswegs hilflos und verlassen. Dies sind nun die Anhänglichkeiten oder Bande:

«Diese gewohnheitsmäßigen Unvollkommenheiten bestehen z.B. darin, daß man die Angewohnheit hat, viel zu sprechen, an irgend etwas zu hängen, was man keineswegs aufgeben möchte, sei es ein Gegenstand, eine Person, ein Kleidungsstück, ein Buch, eine Zelle, eine bestimmte Art, sich zu ernähren, gewisse kleine Unterhaltungen, gewisse kleine

---

35 Dr. Philippe Madre, «Mystère d'amour et ministère de guérison», Pneumatèque 1982, S. 61-62.

Wünsche, die auf das sinnenhaft Erfahrbare ausgerichtet sind, oder auf das Wissen, das Verstehen und ähnliche Dinge.»

Die äußerst schädliche Anhänglichkeit

Wenn die Seele sich an eine einzige dieser Unvollkommenheiten hängt oder gewohnheitsmäßig darin lebt, dann verursacht dies für ihren Fortschritt in der Tugend einen ebenso großen Schaden, als ob sie jeden Tag in zahlreiche Unvollkommenheiten und läßliche Sünden fiele, deren Ursache nicht eine Gewohnheit oder eine böse Leidenschaft ist. Diese sind für sie weniger schädlich als ihre Anhänglichkeiten an irgend einen Gegenstand. So lange sie mit ihnen lebt, kann sie keine Fortschritte machen, mag die Unvollkommenheit auch noch so gering sein. Es ist ohne Bedeutung, ob ein Vogel mit einem dünnen Faden oder mit einem Strick gefesselt ist: der Faden, der ihn zurückhält, mag noch so dünn sein, der Vogel bleibt dadurch ebenso fest angebunden wie mit einem Strick, und er kann nicht fliegen, so lange er ihn nicht zerrissen hat.»[36]

Gotteslästerungen, Unreinheit, Geist der Verblendung

Diese Nacht der Sinne ist mehr oder weniger ausgeprägt, je nachdem, ob die Seele schwach ist oder zu jenen Starken und Ungestümen gehört, denen es

---

36 St. Johannes vom Kreuz, «La montée au Carmel», Buch I, Kap. 2, S. 73-74.

gelingt, den Himmel zu öffnen. Diese Letzteren haben sich nicht nur von der großen Zahl böser Neigungen zu reinigen, sie müssen außerdem auch noch die größten Ängste und Versuchungen durchstehen, die Johannes vom Kreuz die Geister der Gotteslästerung, der Unzucht oder Unreinheit und der Verblendung nennt. Wegen dieser Gedanken, die da in ihnen vorüberziehen, sind sie sehr erschrocken: «Sie verursachen ihnen eine grausame Qual.»[37] Der Geist der Verblendung, «ein widerwärtiger Geist», verdunkelt ihre Sinne und erfüllt sie mit «Skrupeln und undefinierbarer Orientierungslosigkeit». Nicht einmal die Ratschläge eines geistlichen Vaters vermögen sie zu beruhigen. «Diese Prüfung ist eine der größten Schwierigkeiten und der furchtbarsten Schrecken in dieser Nacht der Sinne.»[38]

Glückselige Nacht

Die Seele ist aber während dieser langen Zeit der Reinigung ganz klein geworden. Sie hat jenen Stolz, jene «superbia» verloren, die, ihr selbst unbewußt, in ihr gewohnt hatte. Nichts kann mit dieser von Gott zugelassenen Nacht verglichen werden. Manche begeben sich ausdauernd und großmütig an die Arbeit einer aktiven Reinigung; das ist eine vorzügliche Mitwirkung. Es ist indessen Gott allein, der «die Herzen und Nieren durchforscht» und seinen durch das Feuer reinigenden Finger auf

---

37 «La nuit obscure», op. cit. Buch I, S. 542.
38 ibid.

jene Wunden zu legen weiß, da die Seele nicht den Mut hat, dem Erlöser zu zeigen, wie z.B. den vorübergehenden Verlust ihres guten Rufes.

Diese Nacht der Sinne ist oft die göttliche Antwort auf eine Selbstaufopferung, auf eine Jahre zurückliegende Konsekration in einem echten Verlangen nach Hingabe. Keimhaft war diese Umwandlung darin schon angelegt. Die Seele wußte glücklicherweise nicht, welche Leiden sie erwarteten. Wer aber wird uns trennen von der Liebe Christi? (Röm 8,34). Unser Gott ist getreu, und er gibt Gnade über Gnade: Ich führe dich auf den Weg, den du wandeln sollst (Jes 48,17;30,21). «Wenn ihr mich sucht, werdet ihr mich finden, weil ihr mich aus ganzem Herzen gesucht habt» (Jer 29,13).

Diese beiden Formen der Ruhe und der Nacht der Sinne haben die Seele zubereitet, welche es verstanden hatte, «auszuharren» in einem innigeren Gebet, das das Gebet der Vereinigung genannt wird. Sie muß übrigens noch immer aus dem Gebet der Ruhe heraus leben, auf das sie sich für gewöhnlich stützt. Oft und oft schon hatte sie eine Vorahnung von jenen tiefen, unbekannten Regionen, in denen die Liebe lebt, im Mittelpunkt ihrer selbst...

«Gesammelt bin ich im Schweigen
meiner Wurzel.
Ein wunderbarer Gesang steigt
vom inneren Baume auf.
Ins Mondlicht und in Wohlgerüche
eingetaucht,
das Lied eines Vogels,

der die Freiheit gefunden hat;
die Bewegung atmender Blätter.
Es brennt bis ins Mark.
Das Leben fließt.
Ein lichtvoller Tanz
ganz im Inneren des Menschen.» [39]

---

39 «Le blé en feu», Nr. 1, op. cit.

IV.
Kontemplative Gebetsformen: Fünfte Wohnung

Die Vereinigung des zustimmenden Herzens

Die Seele hat, um das Bild Theresias zu gebrauchen, nach dieser im allgemeinen sehr langen Zeit der Nacht der Sinne eine Metamorphose durchgemacht, die von der «Seidenraupe» zum Schmetterling.[40] Von nun an wird sie eine Gnade der Willenvereinigung leben, die manchmal von oben kommt und manchmal die Frucht der Treue ist.

Im Gebet der Ruhe hatte sie Gott verkostet; die Ruhe wird nun tiefer, und die göttliche Liebe wird nun die Seelenkräfte umfangen. Die Vereinigung ist von kurzer Dauer, aber sehr wirklich:

«All unsere Fähigkeiten sind ganz unempfänglich geworden für alles, was von der Welt oder von uns selbst ist, und in Wahrheit: Während der kurzen Zeit, die dieses Gebet der Vereinigung währt, ist die Seele gleichsam der Empfindungsfähigkeit

---

40 «Le château intérieur», op. cit. V. Demeure, S. 894.

beraubt; und selbst, wenn sie es wollte, wäre es ihr
unmöglich, an irgend etwas zu denken, was irdisch
ist.»[41]

Die Seele ist erstaunt und verwirrt: Ist hier wirklich Gott am Werk? Eine Frage, die die Aufrichtig-
keit des Geistes beweist, aber kann sie vergessen?
Gott hat sie mit seinem eigenen Wesen vereint. Gott
ist gekommen, um sie zu ergreifen und sie einzu-
tauchen mitten in die göttliche Glut. Theresia von
Lisieux fühlte sich eines Tages in den Feuerofen
gestürzt, und die Wirkung davon war eine solche
Frucht des Friedens, eine solche Hingabe ihrer
selbst! Wie könnte eine so einzigartige Erfahrung
jemals vergessen werden?

> *«Demütig sind die Heimsuchungen der*
> *göttlichen Liebe.*
> *Sie schlägt nicht die Trommel, um das ganze*
> *Dorf zu alarmieren. Jahrelang geht sie*
> *um das Haus herum*
> *und senkt sich dann ganz plötzlich über euch.*
> *Die Heimsuchungen Gottes machen keinen*
> *Lärm,*
> *aber sie schütteln alles durcheinander.»*[42]

Von einem Blütenmeer der Ruhe wird die Seele
erfüllt, und sie ruft aus:

> *«Angeschmiegt bin ich an dich!*
> *O blendend-strahlende Liebe,*
> *ich glaube an dich,*
> *du hast mich gebunden, gebunden, gebunden!*

41 «Le château intérieur», op. cit.
42 «Le blé en feu», Nr. 2, op. cit.

Binde mich ganz fest an deine Barmherzigkeit!
Um dein Innerstes knote mich!»[43]

Irrsinnig ist diese Hingabe und gleichzeitig ganz richtig und normal. Wohin sollte die Seele jetzt gehen, da sie von der göttlichen Liebe berührt worden ist? Tanzend und springend folgte der Blinde von Jericho dem Erlöser, nachdem er geheilt worden war. Seine Freude ist unermeßlich und grenzt an den Schmerz, der darin liegt, zu lieben. Die Seele will nirgendwo anders hingehen, nur noch ihrem König will sie folgen.

Kinder bewegen sich im Lichte des Tages, ohne viel nach rückwärts zu schauen. Alle Dinge hat die Seele kennengelernt, wenigstens scheint es ihr so, aber was Er nicht ist, ermüdet sie. Sie will diese unauslöschlich in ihrem Gedächtnis haftende Süßigkeit aufs neue verkosten, dieses anhaltende Feuer, dieses anbetungswürdige Feuer des Blickes des «Göttlichen Liebenden».

Soll das bedeuten, daß ihr eine Vision gegeben ward? Das mag für manche gelten, für andere aber nicht. Wie die Lippen des Isaias, die der Seraph mit glühender Kohle berührte, so empfingen auch die der Vielgeliebten etwas von dem, was sie im ersten Vers des Hohenliedes laut rufend erbaten: «Er küsse mich mit dem Kusse seines Mundes» (Hl 1,2). Wie könnte die Seele das jemals vergessen, selbst wenn sie noch so weltlich gesinnt, noch so unbesonnen und noch so töricht wäre?

Theresia schreibt, daß «sie sich selbst vollständig in die Hände Gottes hingegeben hat, und daß die

---

43 «Le blé en feu», Nr. 2, op. cit.

Liebe, die dadurch ihr Anteil wurde, sie so gänzlich verfügbar macht, daß sie nichts weiß und nichts will als nur dies eine, daß Er über sie verfüge, wie es seinem Gutdünken entspricht».[44]

Eine unter tausend Illusionen, die es zu vermeiden gilt

Gerade an dieser Stelle aber warnt sie uns vor den Illusionen eines falschen guten Willens:

«Über gewisse Seelen muß ich manchmal lachen: Während sie sich im inneren Gebet befinden, halten sie sich für fähig und bereit, aus Liebe zu Gott öffentliche Demütigung und Verachtung zu ertragen; anschließend aber versuchen sie, jeden kleinsten Fehler, der ihnen unterlaufen ist, sorgfältig zu verbergen; wenn es jedoch vorkommt, daß sie fälschlich angeschuldigt werden, dann geraten sie völlig außer sich.»[45]

Von der heiligen Gertrud weiß man, daß sie augenblicklich das innere Gebet verließ, wenn jemand zu ihr kam, um ihren Rat zu erbitten: Die Nächstenliebe trug den Sieg davon über die Süßigkeit einer persönlich verkosteten Liebe.

Theresia ist aus dem gleichen Holz geschnitzt: Ihr Herz bleibt sehr mitfühlend, wenn andere leiden, ebenso wie das der heiligen Klara ihren Mitschwestern gegenüber.

---

44 «Le Château intérieur», op. cit. V. Demeure, S. 908.
45 id. S. 917.

Der Vereinigung entgegen, die mehr und mehr verborgen ist

Wenn auch der Wille feinfühliger und anbetender geworden ist, so ist er doch noch nicht zur vollständigen Vereinigung gelangt. Tag für Tag führt die Sehnsucht nach der göttlichen Liebe zu immer größerer Gleichgültigkeit gegenüber allem, was die Welt an Verlockendem besitzt, ganz gleich, ob man eine außerordentliche Gnadengabe mystischer Ordnung verkostet hat oder dem gewöhnlichen Wege gefolgt sein mag. Der Herr ist frei in der Gewährung seiner Gaben, und er läßt es zu, daß alle Früchte unter der gleichen Sonne reifen. Die in die Seele eingegossene sich verschenkende Liebe verlöscht nicht, wenn die Zeit der Begegnung mit Ihm allein zu Ende ist. Die Seele will «Glut werden für ihre Brüder, tausend Sonnen will sie aufwekken, bis alles erstrahlt».

Der heilige Augustinus rief aus:

«Du hast geleuchtet, du bist aufgestrahlt, und du hast meine Blindheit zerstreut. Wohlgeruch hast du verbreitet, lechzend atme ich in Sehnsucht nach dir; ich habe verkostet, und ich habe Hunger und Durst; du hast mich berührt, und für deinen Frieden wurde ich entflammt.»

Wie der heilige Johannes vom Kreuz es schon beschrieben hatte, geht das Verlangen nach Loslösung vom Geschaffenen mit der Einung des Willens einher. Eine unermeßliche Arbeit ist dies, ein jahrelanges Bemühen. Was für eine Freude aber wartet auf die, die jene unschätzbare Gnade empfangen haben, in diese fünfte Wohnung eingeführt zu werden: «Die Gottesliebe, das ist die Freude, zu leiden» (Lanza del Vasto, Prière de feu — Glutgebet).

Was bedeuten schon Kälte, Hitze, eine schwankende Gesundheit, die lange Mühsal des Tages...? Gott! Gott! Gott!, scheint die Madre auf ihren Pilgerfahrten auszurufen, während sie vor Müdigkeit ganz erschöpft ist während der Zeit ihrer Gründungen. Die Lebensbeschreibungen der Heiligen können uns vieles lehren. Ist es nicht so, daß die Gottesliebe sie drängt?

«Frage nicht die Liebe, die dich fortreißt, wohin sie geht.» Zehn, zwanzig, dreißig, vierzig Namen drängen sich auf unsere Lippen, Namen von Menschen, die in ihrem Leben Kontemplation und Aktion miteinander verbanden und die nichts anderes mehr waren als eine einzige Flamme; könnte man wohl das Feuer zerteilen, wenn die Gottesliebe es schürt?

Auf dem neunten Kongreß über die Familie hat Mutter Teresa gesagt: «Jesus braucht die Liebe» (Jesus a besoin d'amour). Mit hinreißender Einfachheit zählte sie all das Elend auf, dem sie begegnet war, und fügte hinzu, daß die Liebe, die so vielen Verlassenen gegeben ward, in deren erloschenen Augen die Freude erstrahlen ließ. Je mehr sie sprach, um so mehr schien sich der mystische Leib Christi, seine arme Kirche, auszubreiten.

«Jesus braucht die Liebe.» Das muß man, wie ich glaube, in dieser zweifachen Dimension, die jedoch gleichzeitig eine einzige ist, betrachten: Da ist die große Zahl der Elenden, unserer Brüder, aber da ist auch der göttliche Liebende der Welt, Er, der so wenig geliebt wird. Franz von Assisi durcheilte die Dörfer und rief aus: «Die Liebe wird nicht geliebt!» Theresia von Lisieux wurde eines Tages angetroffen, als sie die Augen voller Tränen hatte:

— «Was ist Ihnen, meine Schwester?»

— «Gott wird nicht geliebt.»

Die göttliche Liebe wird nicht geliebt. Was geht in einem Herzen vor, das keine Schranke mehr aufrichtet zwischen dem Gebet der Vereinigung und dem Leben der Nächstenliebe? Die Heiligen haben es erfahren, die anderen erahnen es manchmal, ohne indessen danach zu leben:

> *«Als unversiegbare Quelle entströmt das Gebet*
> *den Herzen, die hingegeben sind.*
> *Die Erde läßt ihre schlafenden Feuer*
> *hervortreten.*
> *Die Berge des Hasses stürzen sich ganz von*
> *selbst in den Ozean.*
> *Den hingegebenen Herzen entströmt das Gebet,*
> *ohne daß sie wissen, wie.*
> *Ob sie schlafen oder essen, ein Schrei durcheilt*
> *die Welt.*
> *Von fern her möge der Friede erscheinen,*
> *der zu uns kommt.»*[46]

Das Gebet der Vereinigung, bei dem der Wille mit der göttlichen Liebe vereint wird, bewirkt große Dinge, die verborgen sind. Schon begibt sich das Schiff des Friedens auf die hohe See, im Schweigen kommt es her zu uns.

---

46 «Le blé en feu», Nr. 2, op. cit.

Die Eifersucht des bösen Feindes

Diese Einung des Willens ist die Zielscheibe des bösen Feindes. Die Früchte sind erkennbar. Er ist eifersüchtig auf den Frieden im Herzen des Menschen, und er wird alles tun, um ihn zu zerstören. Daher warnt Theresia vor seinen Schlingen und Fallen:

«(...) Wenn sie (die Seele) sich vernachlässigt und ihre Hinneigung auf etwas anderes richtet als auf ihren göttlichen Gemahl, dann verliert sie alles; und dieser Verlust ist um so beklagenswerter, je größere Gnaden sie von ihm erhalten hatte, weit größere, als man es auszudrücken vermöchte (...)

Meidet die gefährlichen Gelegenheiten, denn selbst auf dieser Stufe ist die Seele noch nicht stark genug, um sich Gefahren aussetzen zu können; dies wird erst nach der Verlobung der Fall sein, von der bei der folgenden Wohnung die Rede sein wird. Nur ein einzigesmal hat sie flüchtig den Gemahl geschaut; daher wird der Dämon keine Mühe scheuen, um sie zu bekämpfen und die Verlobung zu hintertreiben.»[47]

Sie hat Seelen gekannt, die von Gott zur Einung des Willens hingezogen worden sind, zu einer Einung, die oft nur flüchtig war, aber dennoch eine unauslöschliche Erinnerung zurückgelassen hat.

«Mit Listen und Fallen hat der Dämon sie zu Fall gebracht; die ganze Hölle verbindet sich, um sie zu verführen; und, wie ich es schon oft gesagt habe, wenn der Dämon eine einzige dieser Seelen verliert,

---

47 «Le château intérieur», op. cit. V. Demeure, S. 922.

dann verliert er gleichzeitig eine Menge anderer, wie die Erfahrung es bewiesen hat. Erwäget, was für eine große Zahl von Seelen Gott durch eine einzige in seinen Dienst gezogen hat, und ihr werdet ihm unendlich dankbar sein.»[48]

Das gleiche sagt der heilige Johannes vom Kreuz in seiner *Lebendigen Liebesflamme:*

«(...) Ich bin zutiefst bewegt und von Mitleid ergriffen, wenn ich manche Seelen betrachte, die rückwärts schreiten; sie berauben sich nicht nur der göttlichen Salbungen, die sie nutzlos vorübergehen lassen, sondern auch die Sehnsucht verlieren sie noch...»[49]

Die Liebe verfolgt mich

Was geschieht, «wenn die Seele Gott sucht? Ihr Vielgeliebter, der Gott ist, sucht sie mit einer Liebe, die unendlich viel größer ist (...) Der Vielgeliebte seinerseits sendet ihr den Wohlgeruch seiner Salbungen. Dadurch zieht er sie an sich und veranlaßt sie, ihre Schritte zu beschleunigen; es sind göttliche Eingebungen, zarte Berührungen; und eben durch die Tatsache, daß sie von ihm sind, sind sie von der Vollkommenheit des göttlichen Gesetzes und vom Geiste des Glaubens erfüllt, und indem die Seele sich dieser Vollkommenheit anpaßt, kommt sie immer näher zu Gott. Die Seele soll also begreifen, daß Gott durch all diese Gunsterweise, diese Salbungen und die Wohlgerüche dieser Salbungen

---

48 Ibid.
49 St. Johannes vom Kreuz, «La vive Flamme d'amour», 3. Strophe, S. 922.

kein anderes Ziel verfolgt, als sie auf andere, noch erhabenere Salbungen vorzubereiten, die zarter und seiner würdiger sind: Er will sie zu einem so reinen und geistigen Zustand gelangen lassen, daß sie es verdient, mit ihm vereint und mit all ihren Kräften wesenhaft in ihn umgeformt zu werden.»[50]

Diese wiederholten und immer stärkeren Berührungen der Gottesliebe haben der treuen Seele die Gewißheit gegeben, daß Gott direkt am Werke ist. Sie liebt, und sie wird geliebt. Manche großen Mystiker, die so genannt werden, weil sie Visionen, Ekstasen, ja sogar Entrückungen gekannt haben, wie sie von Theresia beschrieben werden, wissen um diese lodernde Glut. Viele Heilige aber sind ohne solche Manifestationen zum höchsten Gipfel der Vereinigung gelangt, wie Bernadette von Lourdes und Theresia von Lisieux...; die göttliche Barmherzigkeit ist erfinderisch. Die besondere Gabe der heiligen Theresia vom Kinde Jesu besteht darin, uns den «kleinen Weg» zu zeigen, der nicht irgend etwas «Verwässertes» ist, sondern ein königlicher Weg, allerdings ohne Ekstasen, die übrigens als «störende Nebenerscheinungen» (accidents) betrachtet werden, für schwache Seelen bestimmt, die ohne eine solche Süßigkeit Gefahr liefen, untreu zu werden. Theresia von Avila und Gertrud von Helfta weisen wieder und wieder darauf hin.

«*Der Raum, in den ich falle, bist du;*
mit leeren Händen komme ich an.
Die Vergangenheit habe ich aus dem Ofen
gezogen,

---

50 ibid.

— nimm sie —
und der Zukunft habe ich die Waffen
genommen.
Unter dem Mühlstein habe ich mich
deinem Feuer vermählt.
Ich will dir dienen da, wo du es willst.
Ein einziger Schritt voran:
und ich falle auf dich.
Göttliche Liebe! Ziehe mich empor!» [51]

---

51 «Le blé en feu», Nr. 3, op. cit.

V.

Sechste und siebente Wohnung

Geistliche Verlobung
und Nacht des Geistes

Die Treue in der Liebe führt, zusammen mit der Gnade von oben, die eine oder andere Seele in die sechste Wohnung hinein: jede Wohnung aber enthält ihrerseits wieder Millionen von anderen; — seht, welch unermeßliche göttliche Barmherzigkeit! Nicht alle treffen auf ihrem Weg Visionen und die anderen von der Madre beschriebenen Manifestationen an, bei denen es sich evtl. auch um Fallen handeln könnte, besonders wenn man keinen erleuchteten Führer hat.

Das «Buch des Lebens» der Gemeinschaft der Seligpreisungen, die aus der Lehre des Karmel schöpft, warnt uns vor einem gewissen irreführenden Aspekt dieses Stadiums:

«Doch sollen wir uns auch dessen bewußt werden, daß dieser Weg zu der umwandelnden Vereinigung sich nicht ohne eine Reinigung durch ver-

schiedene Nachtzeiten hindurch verwirklichen
kann. Wir wollen an das Wort des heiligen Paulus
denken: "Ihr müßt euer früheres Leben aufgeben
und den alten Menschen ablegen, der in der Verblendung der Begierden zugrunde geht, und euren
Geist und Sinn erneuern. Zieht den neuen Menschen an!" (Eph 22,24).

Der Geist jedoch weht, wo er will, und der Herr
kann es bestimmten Seelen ermöglichen, die verschiedenen Stufen des inneren Gebetes schneller
zu erklimmen.»[52]

Schon in der Nacht der Sinne hat sich die Seele
von «ihren Leidenschaften» befreit. Sie hat erlebt,
wie die Gnade sich in schmerzvoller Weise ihres
noch allzu fleischlichen Seins bemächtigt hat, um
sie zum Gebet der Vereinigung zu führen, wohin
nur sehr wenige gelangen, da ihnen der Mut dazu
fehlt, oder weil sie keinen erfahrenen Ratgeber hatten, sowie auch aus allen möglichen anderen Gründen. Nach den verschiedenen Arten des Gebetes
kommt der Herr aufs neue, um die Seele zu umar-
men: Wie könnte der Verstand in seiner Begrenzt-
heit diesen so starken Einbruch der Gottesliebe
begreifen, von der die Seele ganz erfüllt ist? Noch
nicht gereinigt, noch nicht vergöttlicht ist sie ja.
Trunken, blind geworden ist die Seele (Ex 20,5):
Dieser so zutreffende Name, den Er selbst sich im
Buche Exodus gibt, ist dieses «Feuer». Die Feuer
gewordene Seele muß sich mit dem Feuer der göttlichen Liebe vereinen, das sie von ihren letzten
Schlacken reinigen wird. Sie weiß um die Überfülle

---

[52] «Livre de vie» op. cit.

der Süßigkeit und die Freude in Gott, und sie fragt sich, wie sie sich in all ihrem Elend, ihren Sünden, ihrer ganzen Häßlichkeit dem göttlichen Glanze nähern kann. Alle Mystiker waren zutiefst aufgewühlt beim Gedanken an ihre Unwürdigkeit. Für viele handelte es sich um ein Drama, das noch viel weniger in Worte zu fassen ist als das der Nacht der Sinne; und so beschreibt es der heilige Johannes vom Kreuz:

Das Drama

«Nun erleidet die Seele nicht nur das Leersein und das Aufhören der natürlichen Stützen und des Erfassens, was eine angsterfüllte Qual ist für sie, die der eines Menschen gleicht, der im Luftraum aufgehängt und dort festgehalten wird und nicht atmen kann; zudem leidet sie auch noch daran, daß Gott sie reinigt, dem Feuer gleich, welches die Schlacken und den Rost verzehrt; es vernichtet, vertreibt und verzehrt in ihr alle Anhänglichkeiten und unvollkommenen Gewohnheiten, auf die sie sich im Laufe ihres Lebens eingelassen hatte. Da diese Fehlerhaftigkeiten jedoch zutiefst in der Substanz der Seele verwurzelt sind, ist diese Reinigung im allgemeinen die schmerzhafteste für sie.»[53]

Diese dunkle Nacht des alles zersetzenden Zweifels hatte die kleine Theresia durchschritten. Wieviele Glaubensakte hat sie doch gesetzt, um nicht der Verzweiflung zu verfallen! Sie hatte danach verlangt, «sich an den Tisch der Sünder zu set-

---

[53] «La nuit obscure» op. cit., Buch II, S. 566.

zen», und sie erhielt Anteil am Drama des Atheismus; und so heftig war der Kampf, das sie ihn für sich behielt, aus Furcht, anderenfalls die ihr Nahestehenden durch solche Versuchungen anstecken zu können. Ein kleines Wort, das ihren Lippen entschlüpfte, läßt einen Abgrund erahnen: «Einen Himmel, gibt es ihn?» Und doch tut sie nichts anderes als nach ihm zu verlangen. Liegt hier ein Widerspruch vor? Niemand, sagt Johannes vom Kreuz, nicht einmal der erfahrenste Ratgeber, ist in der Lage zu begreifen, was es ist um das Leiden der Nacht des Geistes in einer Seele, die eine Stütze sucht. Es ist die Agonie, und man ist allein in ihr.

Lorenz von der Auferstehung, ein Karmelit des 17. Jahrhunderts aus Paris, der von der Gegenwart Gottes überflutet wurde, die ihn mit ihren Gaben überschütten wollte, rief voll Begeisterung aus:

«O, der Glaube! Der Glaube! Wenn ich wüßte, daß mein Herz Gott nicht liebte, dann risse ich es heraus!»[54]

Jahrelang aber wurde sein Anteil eine furchtbare Nacht. Die Erinnerung an die Sünden der Jugend während seines Soldatenlebens hörte nicht auf, ihn qualvoll zu verfolgen. Er glaubte sich für die Hölle bestimmt, und man sah ihn damals in einer Ecke hinter der Küche, wie er laut weinte und der Verzweiflung nahe war.

In der sechsten Wohnung hat die Seele beides kennengelernt, sowohl eine unbeschreibliche Trun-

---

54 Lorenz von der Auferstehung, «L'expérience de la présence de Dieu», Seuil.

kenheit wie auch eine ebensolche Angst. Gott wollte, daß sie als eine unbefleckte Gemahlin vor ihm erscheine. Dieses Eintauchen in die Nacht des Geistes war für sie auch eine Zeit der geistlichen Brautschaft gewesen, mit wiederholtem Aufleuchten eines tiefen Friedens und großer Süßigkeit. Die Lehrer des Karmel sagen, daß die sechste und siebente Wohnung eng miteinander verbunden sind.

Geistliche Hochzeit

«Wenn unser Herr sich schließlich würdigt, Mitleid zu haben mit der Seele, die er sich zur Gemahlin erwählt hat, da sie in ihrer Sehnsucht, sich mit ihm zu vereinigen, schon so viel gelitten hat und noch leidet, führt er sie, ehe er mit ihr die geistliche Hochzeit vollzieht, in seine Wohnung ein, nämlich die siebente, von der wir jetzt sprechen, denn er hat seine Wohnung im Himmel, und auch in der Seele muß er eine Wohnung haben, in der er wohnt, er allein, einen anderen Himmel, um es so auszudrükken.»[55]

Der Herr würdigte sich, der heiligen Mechthild von Hackeborn zu offenbaren, daß die heilige Gertrud der vollkommene Ort seiner Wohnstatt war, daß er immer im Herzen der jungen Ordensfrau zu finden sei. Diese achtete auf eine vollkommene Bewahrung des Herzens; sie ertrug es nicht, daß irgend etwas sich an die Stelle der Königsherrschaft des Gemahls setze. Sie ließ nichts in dieses

---

55 «Le Chateau intérieur», op. cit. VII. Demeure, S. 1027-1028.

Herz eindringen, das in der Lage gewesen wäre, es zu teilen.

Schließlich wird es gut sein, wenn wir uns daran erinnern, daß «die Sehnsucht danach, Sehnsucht zu haben», Gewicht hat in den Augen des Göttlichen Barmherzigen. Die glühende Sehnsucht nach der geistlichen Vermählung gefällt dem Göttlichen Liebenden des Weltalls. Er wird uns von Wohnung zu Wohnung näher an sich ziehen, und zwar so, wie es uns am entsprechendsten ist; er wird uns dort emporheben, und die Hilfe des Heiligen Geistes wird uns nicht fehlen.

Die Gemahlin des Königs

Man sollte jetzt auch Gertrud von Helftas Offenbarungen im «Herold der Göttlichen Liebe» lesen.[56] Ungeachtet ihrer fast ununterbrochenen Visionen seit ihrer Bekehrung im Alter von 26 Jahren, ist sie gleichsam die Zwillingsschwester Theresias von Lisieux. Ihre Schriften, die einige jahrhundertelang verloren waren, sind wiedergefunden worden. Gott hatte sie wie seinen Augenstern bewahrt. Einem großen Maler gleich, lehrte der Herr diese so liebenswerte Heilige durch zahlreiche leichte Berührungen nicht nur seine eifersüchtige Liebe, sondern noch mehr: seine irrsinnige Liebe (Amour fou). Eine solche Zärtlichkeit des Gottmenschen versetzt in Erstaunen, ist anziehend, läßt das Eis zerschmelzen. Er hatte seiner Gemahlin gesagt, dieses Buch sei für das Ende der Zeit bestimmt, wenn die kalt

---

56 Neue Version bei Cerf. Sammlung: Sources chrétiennes.

gewordenen Herzen der Menschen nicht mehr den Mut hätten, an die göttliche Liebe zu glauben.

Führe mich in den Mittelpunkt

Theresia von Avila weist darauf hin, daß im Mittelpunkt der Seelenburg die Allerheiligste Dreifaltigkeit wohnt. Sie hat die geistliche Vermählung in ihrer ganzen Tiefe schon vom irdischen Leben an gekannt. Diese letzten Wohnungen scheinen unerreichbar zu sein; die Heiligen aber sind zu ihnen hingelangt, da sie von der Liebe angezogen und getragen wurden, oft ohne Visionen und Offenbarungen, und eine große Zahl unbekannter Seelen ist ganz nahe an diese Quelle herangekommen. Das «Buch des Lebens» der Gemeinschaft der Seligpreisungen ruft uns dazu auf am Schluß des Kapitels über das innere Gebet:

«Die Gemeinschaft erkennt also das innere Gebet als ihre Hauptgnade. In ihm "spiegeln wir alle mit enthülltem Angesicht die Herrlichkeit des Herrn wider und werden so in sein eigenes Bild verwandelt von Herrlichkeit zu Herrlichkeit" (2 Kor 3,18).»[57]

Wir glauben daran, daß das kontemplative Leben es uns ermöglicht, Zugang zu dieser Seligpreisung zu gewinnen, die darin besteht, Gott zu schauen, ihm ähnlich zu werden und das Wort des Apostels zu verwirklichen:

---

57 «Livre de vie» op. cit.

«Wenn Jesus sich offenbaren wird, werden wir ihm ähnlich sein, weil wir ihn schauen werden, so wie er ist» (1 Joh 3,2).

Ja, wir glauben daran. Das Feuer brennt und brennt... Wer wird sich ihm nähern können? O, ihr drei Sonnen! O einziger Gott! Einziges, ungeteiltes Licht! Kein Auge hat es geschaut, kein Ohr hat es wahrgenommen, das Herz der Allerheiligsten Dreifaltigkeit. Das Ewige Wort allein sagt die Wahrheit aus über die Wunde der Liebe. Mit ihm aber nähert sich die nach dem Bilde ihres Schöpfers und Erlösers geschaffene Seele Schritt für Schritt dieser Gleichförmigkeit der Liebe, dieser Vereinigung der (beiden) Willen. Sogar in ihrer Finsternis seufzt sie und weist damit auf ihre Sehnsucht hin. Jeder Mensch, welcher Religion er auch angehört, selbst wenn er mitten im Atheismus steckt, sehnt sich, wie es scheint, nach einem Absoluten, und es fehlt ihm das anbetungswürdige Antlitz, die Umarmung einer geistlichen Vermählung, die unzerstörbare Gemeinschaft, die umwandelnde Einung; dabei würde es genügen, die Oberfläche der Seele ein wenig aufzugraben, um etwas von diesem Abgrund göttlicher Schönheit zu erahnen, dieser göttlichen Sehnsucht, die nach der unsrigen verlangt. Die göttliche Freude fließt nach allen Richtungen in den Adern der Welt, als ein unermeßliches Orchester. Wenn schon der Kosmos sich seufzend nach seiner Wiederherstellung sehnt (s. Röm 8,22), um wieviel mehr dann ein jeder Mensch, mag er auch noch so erdverhaftet sein! Gott vernimmt diese stummen Klagen.

«Das Ohr des Vaters, im Ohr des Wortes
vernimmt das leiseste Plätschern des Wassers,
die unhörbare Bewegung des Sandkorns,
das zum Meer hinrollt,
die gemusterte Eierschale, die Risse bekommt,
den blauen Atem der Winde und den Himmel
wie von Opal,
das verborgene Aufbrechen der Raupen aus
ihren Puppen,
den Ruf des Krokus unter der Erde,
die Bewegung des Lammes, das schläft...» [58]

Und er sollte das zurückgehaltene Aufweinen eines verwundeten Menschen nicht hören, angesichts der Erde, die so grau ist, dieses Aufweinen, das letztlich das Seufzen einer unbekannten, namenlosen Sehnsucht ist? Wer hält verlangender Ausschau, wer könnte eine größere Sehnsucht haben, wenn nicht Gott in seiner zärtlichen Ungeduld?

Daß die geistliche Vermählung schon auf dieser Erde möglich ist, erkennt man, wenn man die Lebenbeschreibungen der Heiligen betrachtet, die des Pfarrers von Ars, der Theresia von Lisieux, Bernadette, Katharina Labouré. Auch ihr Weg läßt sich erahnen und ihr immerwährendes Verlangen.

«Haben die Mauern unserer Leben aneinander
gegrenzt,
daß ich dich so schnell erkannte?
Dieser große Rosenstrauch, der rot leuchtet im
Schatten,
Du warst es, der ihn in meinem Herzen

---

58 «Le blé en feu», Nr. 3, op. cit.

entzündet hat.
Schon ehe du mich überhaupt berührtest,
umgaben mich deine sanften Hände von fern,
ja, sogar schon eher als meine Freude die
deinige beherbergt hat.
Ich wußte beim Wohlgeruch der Lilien,
unter meinem Leinengewand um deine
Gegenwart,
die meinem Herzen näher war als ich mir selbst.
Noch war ich nicht geboren,
als deine seidenen Lippen in eifersüchtiger
Liebe
auf meinem Namen ruhten.
O, meine purpurne Liebe!
Waren denn die Mauern unserer Leben einander
so nahe,
daß ich meinem Inneren, das du pflügend
aufgebrochen hast,
ein solch wunderbarer Weizen sich erhebt?[59]

---

59 Marie-Pascale, «Les chants de la bien-aimée», Tonbandaufnahme, Diakonia Service Nr. 25: Tressaillement de joie.

VI.

Inneres Gebet und Leben des inneren Gebetes

Zerbricht mein Herz?

Die göttliche Liebe ist eine sich mitteilende Liebe. Die Seele, die von oben her den Strom der Gnade empfangen hat, scheint, ungeachtet der Tatsache, daß ihr Herz viel, viel weiter geworden ist, diese Liebe nicht für sich allein behalten zu können. Die großen Betenden, die «Ausdauernden», haben das ganze Weltall in sich aufgenommen mit einem Blick, wie er erleuchteter nicht sein kann, und gleich dem Herzen Jesu zerbrach auch ihr Herz: «Sie haben keinen Hirten.» Unerträglich ist es ihnen, daß so viele Tausende die Glückseligkeit nicht kennen. Sehnte Theresia von Lisieux sich nicht danach, von einem Ende der Erde bis zum anderen alle Apostolate auszuüben bis hin zum Martyrium?

Theresia von Avila weist in der siebenten Wohnung auf den heiligen Petrus hin, der aus dem

Gefängnis befreit wurde. In welchem Seelenzustand befand er sich nach diesem Gunsterweis?

«Was tat er? Unverzüglich ging er dem Tode entgegen, und es war für ihn keine geringe Barmherzigkeit Gottes, jemanden zu finden, der ihn ihm gab... O, meine Schwestern, wie wenig denkt eine Seele, in welcher Gott auf eine so einzigartige Weise wohnt, an ihre eigene Ruhe, wie gleichgültig sind ihr Ehren, wie fern liegt es ihr, Wertschätzung zu suchen! Da sie nun ständig in der Gegenwart des Herrn lebt, wie es sich geziemt, wird sie sich kaum noch mit sich selbst beschäftigen. All ihr Denken ist dahin ausgerichtet, wie sie Ihm mehr und mehr gefallen können, wie und durch welche Mittel sie Ihm ihre Liebe erweisen kann. Dies ist das Ziel des inneren Gebetes, meine Töchter; und dazu dient die geistliche Vermählung, die immer Werke zeigen muß, und immer wieder Werke. Dies ist das wahre Kennzeichen, an dem wir erkennen können, ob diese Gnaden und Gunsterweise von Gott stammen, wie ich es euch bereits gesagt habe.»[60]

«Die Welt ist in Feuer», sagte Theresia noch, «es ist nicht an der Zeit, sich mit unbedeutenden Dingen zu beschäftigen.»

Hier, im Gebet, bei der Annäherung an den Mittelpunkt, haben die Heiligen den angstvollen Schrei der Welt vernommen, einer Welt, die kein Leitbild kennt. Franz von Assisi bat die heilige Klara darum, ihn zu erleuchten: Sollte er in der Stille und Zurückgezogenheit verbleiben, oder das Evangelium verkünden? Die Verkündigung des Evangeli-

---

60 «Le Château intérieur», op. cit., VII. Demeure, S. 1052-1053.

ums tut not. Sie selbst wird mit ihren Schwestern durch die Treue eines verborgenen Lebens noch die Jahrhunderte mit ihrem Licht erleuchten, mit diesem Licht, das ihre eigene Mutter vor ihrer Geburt erahnend geschaut hatte. Die Lehre der Wüstenväter ist heute noch ebenso aktuell, wie sie es in den ersten Jahrhunderten war. Die Werke, wie auch die Wohnungen, sind verschieden, aber von einer Fruchtbarkeit, die unvergänglich ist. Namen aus verschiedenen Epochen treten vor unsere Augen, die einander ganz nahe sind in der Gemeinschaft der Heiligen: Vinzenz von Paul, Dominikus, Katharina von Siena, zu der Gott immer wieder sprach:

«Seufze in deinem Herzen über den Tod des Menschengeschlechtes, da du siehst, welch großem Elend es ausgeliefert ist, so daß Worte es nicht beschreiben können. Durch deine Tränen will ich der Welt Barmherzigkeit erweisen.»[61]

Angela von Foligno, Katharina von Genua; auch Gertrud, die in der Abgeschiedenheit des Klosters von vielen unglücklichen Menschen aufgesucht wird; ebenso Marthe Robin und Seraphim von Sarow in seiner Einöde; Schwester Faustina und ihr nach ihrem Tode aufgeblühtes Werk der überall in Rußland verborgenen Klöster der Barmherzigkeit; Johannes vom Kreuz und die Madre, die alle so viel bekämpft, verleumdet und sogar eingesperrt wurden wegen des alten Sauerteiges, von dem sie die Tenne des Karmel reinigen wollten, und Maravillas[62] diese andere Unbekannte, die Theresia so

---

61 «Le livre des dialogues» op. cit.
62 Mutter Maravillas von Jesus, c.d. 1891-1974.

ähnlich ist, sowie auch alle heute lebenden Menschen, die sich eines Tages erheben, wie Mutter Teresa, da sie entsetzt sind über das Elend und die Korruption in der Welt.

«... Gott braucht die Liebe»... «Mehr tun»... «Was wird aus den Sündern?»

Wenn Gott seine Süßigkeit in der Einsamkeit zu verkosten gibt, so deshalb, damit die Seele vor Liebe gleichsam außer sich gerate, damit sie fruchtbar werde und stark. Mögen doch unsere Augen wie die der Theotokos werden, wie diese Augen der Gottesmutter von Vladimir, die von solch unerträglicher Sanftmut und Traurigkeit sind angesichts der Welt, die so dunkel ist.

Wer in mir bleibt, bringt viele Frucht

Ebenso wie eine saftige Frucht uns mit ihrer in der Sonne gereiften Freude ergötzt, so ist es auch mit dem inneren Gebet, dessen Gnade unsere Tage bis in unbekannte Tiefen durchdringt.

Bis in seine innersten Fasern sendet der Weinstock seinen Saft. Wenn die Sehnsucht besteht, sich in allem dem Willen der göttlichen Liebe hinzugeben, wird das Gebet und das Leben des Gebetes nur ein einziges sein. Dabei ist es ohne Bedeutung, ob die Zeit des Gebetes etwa mühevoll gewesen ist; wenn wir Ihn gesucht haben, Ihn, den das Herz liebt, wird das Gebet selbst in der Eiseskälte der Prüfungen diese Frucht des Granatapfelbaumes sein, die voll ist von roten Kernen in Fülle. Es ist nicht möglich, unser Leben in Gott in einzelne Teile

zu zertrennen. «Wer in Mir bleibt, wie Ich in ihm,
der bringt viele Frucht» (Joh 15,5). Schneidend wie
ein Schwert ist dieses Wort, so sehr erkennt man
sich als unbarmherzig, ungeduldig, lau, stolz, voll
von eitler Ruhmsucht und von Absichten, die nicht
gereinigt sind. Wer sind wir aber, um uns zu richten? «Gott ist größer als unser Herz» (1 Joh 3,20).

Er wird erlauben, daß ein nur allzu sichtbarer
Fehler uns verbleibt, damit das wundervolle Wirken seines Ewigen Wortes verborgen bleibe im
Innersten unserer Wohnung, von ihm allein
gekannt.

Es ist unmöglich zu sagen, wie sehr das Gebet
und das Leben des Gebetes einander durchdringen,
einander stützen und gemeinsam vorwärts schreiten. Der eine läuft mit großen Sprüngen, strahlend
vor Freude; der andere geht langsam, Schritt für
Schritt, durch die Wüste; ein dritter lebt in der Tiefe
des Abgrunds, und wieder ein anderer glaubt sich
sehr fern von der Gottesliebe und ist doch ihr gehei-
ligtes Gefäß. Wer vermöchte zu sagen, wo der Heilige Geist am stärksten weht? Es kann gut vorkommen, daß wir manchmal denken:

> «*Ich weiß nicht, ob ich sammle,*
> *ob mein Leben zu seiner Ruhe in dir läuft,*
> *ob meine Schritte von dir gutgeheißen sind.*
> *Nur meine Sehnsucht bebt...*»[63]

---

63 «Le blé en feu», Nr. 1, op. cit.

Eine demütige Treue, ohne Voluntarismus

Wer noch Anfänger ist im inneren Gebet, der will, daß sein Leben auf der Stelle vollkommen sei. Soll er sich nun konzentrieren mit einer Art Anspannung der Kräfte, sich leidenschaftlich darauf verlegen, alle Tugenden zu erwerben, die Demut, die Geduld, die Barmherzigkeit, die Sanftmut, die Freude...?

Nein, Theresia sagt, daß es den Anfängern geziemt, sich dem geistigen Gebet zu widmen, «selbst dann, wenn man noch keine Tugenden besitzt».[64] Warum? «Weil dadurch der Anfang gemacht wird, sie alle zu erwerben.» «Allerdings», sagt sie zu ihren Töchtern im "Weg der Vollkommenheit", «ist die Demut die absolut notwendige Grundlage. Wie kann man sich wohl daran begeben, die göttliche Liebe anzubeten, ohne nicht zumindest diesen Beginn des Verlangens nach Demut zu besitzen?»

«Ich kann nicht verstehen, wie es Demut geben kann oder jemals geben könnte ohne Liebe, oder Liebe ohne Demut; und es ist nicht möglich, daß diese beiden Tugenden existieren ohne eine echte Loslösung von allem Geschaffenen.»[65]

Die heilige Marguerite-Marie begann damit, sich niederzuwerfen, wobei sie von zwei lebhaften Gefühlen angetrieben wurde: Von ihrer Niedrigkeit und der ehrfurchtsvollen Anbetung seiner göttlichen Gegenwart; danach vereinigte sie sich im

---

64 «Chemin de la perfection», Kap. XVII, S. 656.
65 ibid.

inneren Gebet mit dem fleischgewordenen Worte in der Eucharistie.

Immer ist es am Anfang erforderlich, «auszuharren», demütig, ohne Furcht, weder vor Zerstreuungen (sie sind da, sogar in der siebenten Wohnung, bis zum Tode), noch vor Trockenheit. Diese haben, wie man weiß, am Anfang ihre Ursache in den verschiedenartigsten Gründen, die es zu erforschen gilt. So gut es geht, wird man versuchen, dagegen anzugehen.

Es ist vielleicht die Zeit der Aussaat, wo das Weizenkorn ganz alleine wächst (Mk 4,27), wenn es nur damit einverstanden ist, in die Erde gesenkt zu werden. Dauert es Jahre? Für die einen manchmal das ganze Leben; für andere genügen einige Monate, aber es gibt auch solche, die sofort hingezogen werden zur Tiefe der Kontemplation. Diesen letzteren gibt Theresia den Rat, sich nicht «einzuhüllen» in bequemer Ruhe, welche jede Aszese zum Erwerb der Tugenden beiseite ließe. Im Gegenteil, da diese Seelen weit davon entfernt sind, vollkommen zu sein, ist für sie der Augenblick gekommen, Fortschritte zu machen.

«Der König (...) gibt sich nur demjenigen hin, der auch seinerseits sich ganz ihm hingibt.»[66]

Früchte des Heiligen Geistes

Es ist unmöglich zu erkennen, in welcher der Wohnungen man sich selbst befindet, und es ist auch besser, es nicht allzu genau zu wissen. In etwa ver-

---

66 ibid.

mögen wir gewisse Früchte des Heiligen Geistes zu erkennen, diese oder jene Tugend, und wir werden die göttliche Liebe preisen, die uns die große Zahl der Heiligen vor Augen stellt, die diese Liebe empfangen haben, und deren Leben anziehend und köstlich war wie frisches Brot. Eines Tages empfand Conchita eine ungewöhnliche Süßigkeit. Handelte es sich etwa um eine Tugend? Der Herr belehrte sie eines Besseren und ließ sie wissen, daß er ihr mehr als zweihundert Tugenden und Laster benennen würde, was er zehn Jahre später auch tat.[67]

Eine Auswahl war nötig, nicht unter diesen zweihundert Tugenden, die wir nicht kennen, sondern unter denen, die in der Heiligen Schrift und in der Tradition genannt werden.

Im beschränkten Rahmen dieses Buches wurden — in gedrängter Form — nur behandelt: die Demut, die Barmherzigkeit, der Gehorsam, die Sanftmut, die Freude und die Geduld. Es wäre auch noch gut gewesen, von der heiligen Hingabe zu sprechen, vom Lobpreis, von der Reinheit der Absicht (libertas cordis), der Treue im geistlichen Kampf, vom Vertrauen in das Herz Christi, welches alles vervollständigt und ersetzt, und vom inneren Frieden... aber der Heilige Geist ist immer da, um uns im gegebenen Augenblick an die Lehre Christi zu erinnern:

«Wenn er aber kommen wird, Er, der Geist der Wahrheit, wird er euch zur ganzen Wahrheit hinführen» (Joh 16,13).

---

67 Conchita, «Journal spirituel d'une mère de famille», DDB, 1974.

VII.

Die Demut

Maria oder der Tanz der Demut

Maria... Wenn man das sehr schöne Bild von Schwester Esther[68] betrachtet, das die Heimsuchung Mariens darstellt, fühlt man sich mit dem ganzen Kosmos hingerissen im Elan der Freude Mariens. Sie tanzt ihr Magnificat, und alles tanzt mit ihr, einschließlich des siebenarmigen Leuchters. Was geht hier vor? Die Gegenwart, die sanfte «shekina» des Gott-Menschen, den sie trägt, hat Johannes der Täufer in Elisabeths Schoß berührt. Der Erlöser ist da. Maria erhebt sich unter dem Wehen des Heiligen Geistes, von der Gnade erfaßt, und sie, die im ganzen Evangelium fast stumm ist, läßt die Überfülle geistlicher Trunkenheit und Danksagung überfließen in einem ganzen semitischen Substrat, und sie singt im Heiligen Geist:

---

68 Poster vom Wandbehang im Kloster der Heimsuchung, von Sr. Esther, angefertigt 1983, veröffentlicht durch «Logos-Diffusion» Nouan-le-Fuzelier.

*«Hoch preist meine Seele den Herrn,
und mein Geist frohlockt in Gott, meinem
Heiland; weil er herabgesehen hat auf die
Niedrigkeit seiner Magd.
Denn siehe, von nun an werden mich selig
preisen alle Geschlechter, weil Großes an mir
getan, der mächtig und dessen Name heilig ist;
seine Barmherzigkeit währt von Geschlecht
zu Geschlecht denen, die ihn fürchten.
Er hat Macht geübt mit seinem Arme,
zerstreut die Hoffärtigen in ihres Herzens Sinne.
Er hat Machthaber vom Thron gestürzt und
erhöht Niedrige; Hungrige hat er erfüllt mit
Gütern und Reiche leer fortgeschickt.
Angenommen hat er sich Israels, seines
Knechtes, eingedenk seiner Barmherzigkeit,
wie er gesprochen hat zu unseren Vätern,
Abraham und seinen Nachkommen in
Ewigkeit» (Lk 1, 46-55).*

Maria hat gesagt: «Seine niedrige Magd.» Diese
Worte gebraucht sie im gleichen Sinne wie die vielen *anawim* ihres Volkes. Dem heiligen Bernhard
zufolge ist Maria sich bewußt, zur Mutter des Gott-
Menschen auserwählt worden zu sein, und dies ist
eine Quelle der Demut; sie gibt sich der göttlichen
Allmacht hin, die sie erhebt. Demut ist Wahrheit.
Sie weiß, daß sie ihr Leben aus den Händen Gottes
erhält, daß durch ihn alle Geschlechter Anteil
haben werden an der Freude, die jetzt in ihr lebt.
Welch eine echte Prophetie! Und welch eine posi-
tive Schau der Demut!

Maria ist von der Erbsünde ausgenommen, sie ist die unschuldige Braut Gottes, in all ihrer Einfachheit, die durch nichts kompliziert gemacht wird.

«Eine umwerfende Einfachheit»

Bernanos hat einen wundervollen Satz geprägt: «La sainteté est une simplicité foudroyante!» «Die Heiligkeit ist eine umwerfende Einfachheit!» Ersetzen wir das Wort «Heiligkeit» durch das Wort «Demut». Die Demut Mariens ist umwerfend in ihrer Wahrheit. Die unschuldige kleine Araberin Mariam — Maria vom gekreuzigten Jesus — nannte sich selbst «das kleine Nichts», hielt ihre Stigmata für «Aussatz» und ihre Ekstasen für eine «plötzlich auftretende Müdigkeit».[69] Theresia von Avila konnte es nicht ertragen, wenn man sie für eine Heilige hielt: «Selbst wenn ihr glaubt, daß ich eine solche sei, so bin ich doch die größte Sünderin der ganzen Welt und fähig, noch viel tiefer zu fallen.»[70] Immer waren die Mystiker darum besorgt, ihre «außerordentlichen» Gnaden zu verbergen, und wenn sie an ihre früheren Sünden dachten, wurden sie von Scham erfüllt.

Der Pfarrer von Ars schrieb die Heilungen und Bekehrungen der heiligen Philomena zu, und der Bruder Andreas aus Kanada, der von den ihm Nahestehenden so verkannt worden war, der aber tausende von Wundern wirkte, verwies seine Kranken an den heiligen Josef. Eines Tages hatte er den fal-

---

69 A. Bonnet, «Mariam, la petite arabe», Salvator, 1974.
70 «Fioretti», Cerf.

schen Zug genommen und wurde gebeten, am nächsten Bahnhof auszusteigen. Man brachte ihn in aller Eile zu dem Bahnsteig, auf dem der Schnellzug nach Toronto vorbeikommen sollte. Es wurde ein Signal gegeben, der Schnellzug hielt an, und der demütige Bruder stieg ein, ganz gerührt von so viel Liebenswürdigkeit. Er glaubte, daß das in diesem Lande so die Sitte sei. Er wußte ganz einfach nichts von seiner Berühmtheit als «Wunderheiler». Was hätte man für ihn wohl nicht getan!»[71]

In den Berichten über die Wüstenväter findet man die köstlichsten Anekdoten:

Das Vergraben-Sein

«Eine Frau, die an Brustkrebs litt, hatte von Vater Longinus gehört und begab sich auf den Weg, um ihn aufzusuchen. Dieser wohnte am neunten Grenzstein jenseits von Alexandrien. Als die Frau nach ihm suchte, las er gerade Holz auf in der Nähe des Meeres. Die Frau ging auf ihn zu und fragte ihn: «Vater, wo wohnt der Vater Longinus, der Diener Gottes?» Sie wußte nämlich nicht, daß er es war. Er antwortete: «Warum suchst du diesen Betrüger? Gehe nicht zu ihm hin, ein Betrüger ist er ja. Aber was hast du?» Die Frau zeigte ihm ihr Übel. Er machte das Kreuzzeichen über die Wunde, schickte sie zurück und sprach: «Geh hin, Gott wird dich heilen, denn Longinus kann dir in keiner Weise nützlich sein.» Die Frau vertraute diesem Wort, und sie wurde auf der Stelle geheilt. Später erzählte

---

71 H.P. Bergeron, «Le frère André, L'apôtre de Saint Joseph», Montreal.

sie anderen Leuten davon, und als sie das Aussehen des Altvaters beschrieb, erkannte sie, daß es der Vater Longinus gewesen war.»[72]

Die kleine Theresia von Lisieux trug ihren Namen zu Recht, denn es war ihr versagt, jemals eine Stimme im Kapitel zu haben, weil zwei ihrer Schwestern bereits dort vertreten waren. Sie blieb also als «ältere Schwester» im Noviziat, und wenn sie auch dort die Aufgaben einer Novizenmeisterin übernommen hatte, so trug sie doch diesen Titel nicht. Wie alle Heiligen hat auch sie die Demütigungen gekannt, wie z.B. während der Geisteskrankheit ihres Vaters, und auch immer wieder aus den verschiedensten Gründen von seiten der Mutter Marie de Gonzague. Von vielen wurde sie falsch eingeschätzt, als die göttliche Liebe ein unermeßlich großes Werk in ihr schuf, wie beim in die Erde gesenkten Weizenkorn. Sie hatte verstanden, daß dieses «Vergraben-Sein» ein Weg der Demut war, auf dem das Herz weit werden konnte, auf dem irdische Ehren keine Bedeutung mehr hatten. Nun ist sie eingetaucht in das Abenteuer der göttlichen Liebe, sie zieht diejenigen mit sich fort, die sie lieben. Ihre Schwester Genoveva beneidete sie ein wenig, wenn sie daran dachte, daß eine Art von Aura, ein Ruf von Heiligkeit sie umgab. Theresia, die sie zur Novizin hatte, antwortete ihr: «Ach! Sie wissen nicht, was Sie sagen. Menschlich gesehen, sind diejenigen die Privilegierten, die Gott für sich allein bewahrt. Er hat z.B. zwei kleine Weihrauchgefäße. Er bewahrt das eine für sich und läßt den

---

72 Apophtegmes, Longinus 3.

Wohlgeruch des anderen vor den Geschöpfen aufsteigen. Welches ist nun das Bevorzugtere?»[73]

Für Molinié ist «die Demut das Maß der Intimi-
tät» (l'humilité est à la mesure de l'intimité).

Die geschwisterliche Transparenz

Eine Novizin erzählt:

«Eines Tages hatte ich eine kleine Meinungsver-
schiedenheit mit einer unserer Schwestern; ich
hatte in keiner Weise unrecht gehabt, darin
stimmte sie mit mir überein, aber sie gab mir den
Rat, trotzdem um Verzeihung zu bitten. Ich war
empört und wollte es nicht, da sagte sie zu mir:
"Wenn man nur dann um Verzeihung bittet, wenn
man Unrecht gehabt hat, so liegt darin keinerlei
Verdienst; verdienstvoll aber ist es, dies zu tun,
wenn man wirklich keinerlei Unrecht getan hat..."
Ein andermal hatte ich wirklich Unrecht, und ich
sagte auf eine etwas leichtfertige Weise zu Schwester Theresia: "Nun gut, ich werde hingehen und
um Verzeihung bitten." — "Ach ja", antwortete sie,
"jetzt werden Sie auch noch lachend hingehen und
um Verzeihung bitten. Wenn man um Verzeihung
bittet, muß man es demütig tun und nicht mit
lachendem Mund."

Da war auch noch eine andere Schwester, der
gegenüber ich auch nicht wirklich unrecht hatte,
und sie (Theresia) gab mir den Rat, mich vor ihr zu
demütigen und bei all den kleinen tadelnden

---

73 Hl. Theresia vom Kinde Jesu, «Conseils et souvenirs» DFV.

Bemerkungen, die sie mir machen würde, zu sagen: "Das ist wahr."»

Die notwendige Bitterkeit der Demütigung

«Um die Demut zu erwerben, ist es notwendig, daß eure Siege immer mit einigen Niederlagen vermischt sind, so daß es euch keine Freude macht, daran zurückzudenken. Im Gegenteil, die Erinnerung daran wird euch demütigen, da euch dadurch gezeigt wird, daß ihr keine großen Seelen seid. Es gibt solche, die, so lange sie auf Erden sind, niemals die Genugtuung haben, sich der Wertschätzung der Geschöpfe zu erfreuen; dadurch werden sie daran gehindert zu glauben, daß sie selbst die Tugenden haben, die sie bei den anderen bewundern.»[74]

«Die unbedeutendsten Kleinigkeiten können die Gelegenheit zu einem Akte der Demut sein, sogar ein hartes Urteil: "Eine bestimmte Person hat ganz offensichtlich unrecht, aber sie ist sich dessen nicht bewußt; und wenn ich die betreffende Angelegenheit besser beurteilen kann, so ist das ein Grund mehr für mich, Mitleid mit ihr zu haben und mich zu demütigen, wenn ich ihr gegenüber streng und hart gewesen bin."»[75]

Es zulassen, verachtet und getadelt zu werden

«Die Demut ist eine zarte Tugend: Sie wird bewahrt, wenn man jeden Augenblick bereit ist,

---

74 ibid. Nr. 20.
75 ibid.

sich tadeln zu lassen, selbst wenn man sich nicht
bewußt ist, im Unrecht zu sein, und vor allem,
wenn man sich nicht rechtfertigt in seinem Inneren... Es ist gut für uns und sogar notwendig, uns
manchmal zu Boden geworfen zu sehen und uns
unserer Unvollkommenheit bewußt zu werden:
Dadurch wird mehr Gutes bewirkt als wenn man
sich über seine Fortschritte freut.»[76]

«"Ganz besonders nötig ist es", sagte sie mir, "von
Herzen demütig zu sein, und Sie sind es nicht, so
lange Sie nicht den Wunsch haben, daß alle Welt
Ihnen Befehle erteilt. Sie sind so lange guter Laune,
wie Ihnen alles gelingt, sobald es aber nicht so geht,
wie Sie es wollen, machen Sie ein finsteres Gesicht.
Hierin liegt keine Tugend. Die Tugend besteht
darin, sich demütig allen unterzuordnen... und
sich zu freuen, wenn man Sie tadelt.

Am Anfang Ihrer Bemühungen wird diese gleiche
Widrigkeit äußerlich in Erscheinung treten, und die
Geschöpfe werden Sie als unvollkommen ansehen,
aber das ist das Beste an der Sache, denn so werden
Sie die Demut ausüben, die nicht darin besteht zu
denken und zu sagen, daß Sie voll von Fehlern sind,
sondern darin, glücklich zu sein, daß die anderen es
denken und es sogar aussprechen."»[77]

Jesus, demütig von Herzen

Welch ein Elan! Welch eine Loslösung! Theresias
Mund läßt die Überfülle ihres Herzens entströ-

---

76 ibid.
77 ibid.

men... Theresia vom Kinde Jesu und vom heiligsten Antlitz weiß um die Erniedrigung Christi: ihr Name kündet von der Kenose ihres Herrn. Sein ganzes Blut hat er hingegeben. In seiner außerordentlichen Feinfühligkeit nahm er sanftmütig immer wieder eine so schlechte Behandlung entgegen: Die Seinen nahmen ihn nicht auf, man wollte ihn töten, er irrte umher, verborgen in einem fremden Land, und in Nazareth kannte man ihn nicht. Ein unbedeutendes Dorf hat er sich erwählt und sich dreißig Jahre lang einem demütigen Handwerk gewidmet; berühmte Schulen hat er nicht besucht. Ihn, den Gott-Menschen in all seiner Herrlichkeit, dessen Schuhriemen Johannes der Täufer nicht einmal zu berühren wagte, sieht man als Fresser an, als Trunkenbold, als Betrüger, Volksverführer und Gotteslästerer, als einen vom bösen Geist Besessenen, als Lügner und als Wahnsinnigen, den man fesseln müßte. Er hat ihre Eifersucht gefühlt, ihre Zweifel, ihren Haß, die Enttäuschung vieler seiner Jünger, die Flucht seiner Freunde, der Apostel, den Verrat des Judas und die innere Einsamkeit. «Meine Seele ist zu Tode betrübt» (Mk 14,34); die Verlassenheit und jene Agonie, von der die Mystiker sagen, daß sie furchtbarer war als das Todesleiden selbst... Warum lebte er überall in dieser demütigen Unauffälligkeit, sowohl in den Tagen von Nazareth wie auch in seinem öffentlichen Leben, manchmal, nachdem er Wunder gewirkt hatte: «Sagt niemandem etwas davon!» (Mk 16,8), seine Stunde war nämlich noch nicht gekommen. Warum hat die Säule der Kirche ihn verleugnet?:

«Ich kenne diesen Menschen nicht!» (Mk 14,71), er, der erste Papst... Warum dieser Weg, wo ihm auf Schritt und Tritt Demütigungen begegneten, scheinbare Mißerfolge, ein den Mördern vorbehaltener grausamer Tod, Ihm, der Liebe der Welt! Warum diese Auferstehung ganz im verborgenen? Warum so wenig Erscheinungen, und warum jetzt eine ihn erwartende, zwar unbefleckte Kirche, die aber aus Sündern besteht? Warum diese so verborgene, jedes Verstehen übersteigende, wenn auch wirkliche Gegenwart in der Eucharistie, warum die Sakramente von solcher Einfachheit, daß die Ungläubigen darüber lachen...?

Gott ist demütig. Gott ist einfach. Das fleischgewordene Wort hat seine Schönheit verborgen, denn sie hätte uns durch ihren Glanz getötet oder uns die Freiheit genommen, Ihn zu erwählen.

«Die Demut ist die Herrlichkeit der Gottheit. Mit ihr hat sich das fleischgewordene Wort bekleidet in diesem Leib, durch den er einer aus uns geworden ist; und wer immer sich mit ihr bekleidet, gleicht sich Ihm an, der aus seinem Glanz herabgestiegen ist und seine Herrlichkeit mit Demut bedeckte, damit die Schöpfung nicht verzehrt werde durch seinen Anblick, wäre er unverhüllt.»[78]

«Erkennt und sehet ein, daß in mir der Vater ist und ich im Vater» (Joh 10,38), sagt Jesus immer wieder. Stets weist er auf den Vater hin: «Der Sohn kann von sich aus nichts tun, außer was er den Vater tun sieht» (Joh 5,19).

---

78 Isaak der Syrer, 20. Abhandlung.

Die Demut des allmächtigen Vaters

Ständig trägt er diesen Namen auf seinen Lippen. Auf der Dreifaltigkeits-Ikone von Rublew stellt — Pater Daniel-Ange[79] zufolge — der «Engel» auf der linken Seite den Vater dar, wie er den Sohn aussendet, der sich in der Mitte befindet, bekleidet mit seiner Tunika aus purpurrotem Blut und der Stola des Hohenpriesters; zur Rechten sehen wir den Heiligen Geist in seinem Gewand wie von strömendem Wasser. Alle Drei tragen das Blau der Gottheit, dieses unnachahmliche Blau Rublews. Die Tunika des Vaters aber zeigt sich in den gedämpftesten Farben. Welch unauslotbare Tiefe der Demut! Der Sohn ist beauftragt, uns den Vater zu offenbaren, uns in den Schoß des Vaters zu führen, dieses Vaters, der aller Anbetung würdig ist: «Der Vater ist größer als ich» (Joh 14,28).

Der Vater hat uns dem Sohn anvertraut:

> *«Meine Schafe hören auf meine Stimme,*
> *und ich kenne sie und sie folgen mir,*
> *und ich gebe ihnen ewiges Leben;*
> *und sie können in Ewigkeit nicht*
> *zugrunde gehen,*
> *und niemand wird sie meiner Hand entreißen.*
> *Der Vater, der sie mir gegeben hat, ist größer als*
> *alle, und niemand kann etwas aus der Hand*
> *meines Vaters entreißen» (Joh 20,27-29).*
> *«Darin aber besteht das ewige Leben,*
> *daß sie dich erkennen» (Joh 17,3).*

---

79 Daniel-Ange, «L'étreinte de feu».

Vater, Vater, Vater! Dieser Name ist ein ständiger Kuß auf den Lippen des Gott-Menschen.

Der Heilige Geist führt in die Demut ein

Um die Demut des Sohnes zu begreifen, braucht es eine besondere Gnade, die aus dem Heiligen Geist hervorgeht, wie Siluan es uns erklärt: «Wir sind vollständig verhärtet und begreifen nicht, was es ist um die Demut und die Liebe Christi. Es ist wahr: Diese Demut und diese Liebe werden nur durch die Gnade des Heiligen Geistes erkannt, aber wir vergessen, daß es möglich ist, sie zu sich herabzuziehen. Deshalb müssen wir mit ganzer Seele nach ihr verlangen. Wie aber kann ich mich nach etwas sehnen, wovon ich keine Kenntnis habe? Wir alle besitzen ein wenig von dieser Kenntnis, und der Heilige Geist führt jede Seele auf den Weg der Suche nach Gott.

O, wie sehr muß man den Herrn bitten, der Seele den demütigen Heiligen Geist zu geben! Die demütige Seele erfreut sich eines großen Friedens, die stolze Seele aber quält sich selbst. Der stolze Mensch kennt die göttliche Liebe nicht, er ist fern von Gott. Er bildet sich etwas darauf ein, reich oder gelehrt zu sein oder Ansehen zu genießen; der Unglückliche aber weiß nicht, wie arm und elend er ist, da er Gott nicht kennt. Dem jedoch, der seinen Stolz bekämpft, hilft der Herr, daß er den Sieg über diese Leidenschaft davonzutragen vermag.»[80]

---

80 Staretz Silouan, Mönch vom Berge Athos, «Vie et doctrine», Ecrits, Ed. Présence, Kap. III, S. 283.

Der Stolz ist schuld, daß alles verdirbt

Der heilige Augustinus sagt, daß kein anderes Laster so sehr zu fürchten ist wie der Stolz. Er verdirbt sogar die heiligsten Handlungen und nimmt ihnen jeden Wert. Es gibt den Stolz auf materielle Güter, auf die Gaben der Natur, auf den eigenen Willen, auf seine Intelligenz; die schlimmste Art aber ist der geistliche Stolz.

Pater Molinié stellt sich die Frage: «Wie können wir erkennen, ob wir in unseren Handlungen etwa dem Stolz verfallen sind?»

«Es ist wie bei einem überall eindringenden Wüstenwind. Wir haben kein greifbares und unfehlbares Mittel, ihn ausfindig zu machen. Wenn man sich jedoch sagt: "Ich bin nicht demütig", so wird damit die Demut auch nicht begünstigt, weil man dabei um sich selber kreist. Der einzige in etwa erkennbare Anhaltspunkt sind die offenkundigen Sünden des Stolzes: Eine zu große Zufriedenheit mit sich selbst... oder eine zu große Unzufriedenheit, was auf das Gleiche herauskommt, denn das bedeutet, daß man dabei verweilt, sich selbst zu betrachten; sei es, um sich zu freuen oder um tief betrübt zu sein: Es handelt sich um eine Unordnung, die ihre Wurzel hat im Stolz. Es ist aber nicht immer leicht, nicht mehr an sich selbst zu denken; das beste ist dann, sich wegen eben dieses Stolzes zu demütigen und ihn als ein Elend aufzuopfern. Von dem Augenblick an, wo unser Werturteil ihn ablehnt, haben wir nichts weiter zu tun als Gott zu bitten, für alles übrige zu sorgen und das Übel aus-

zubrennen, welches in uns ist. Wer so handelt, ist
vom Ärgsten befreit, nämlich vom Eigensinn.»[81]

Wenn die Urteilsfähigkeit durch den Stolz verdorben ist, so verfällt sie der Illusion. Oft und oft
hat Theresia von Avila bei ihren Töchtern diese so
vielgestaltigen Gefahren festgestellt. Dies aber sagt
sie über die Gaben, die von oben empfangen worden sind:

«Es gibt Menschen, die sich einbilden, einen Akt
der Demut dadurch zu vollziehen, daß sie die
Gaben des Herrn nicht wahrhaben wollen. Verstehen wir doch, ja, verstehen wir doch, wie es ja auch
der Wahrheit entspricht, daß es sich um Gaben
handelt, die der Herr uns gewährt, ohne irgend
einen Verdienst unsererseits. Seien wir voll Dank-
barkeit gegenüber seiner Majestät; wenn wir das,
was wir empfangen, aber nicht in unser Bewußtsein treten lassen, werden wir auch nicht zur Liebe
angeregt. Unbedingt sicher jedoch ist dies: Je mehr
wir uns mit den Gaben Gottes überschüttet sehen,
dabei jedoch nicht aus dem Bewußtsein verlieren,
wie arm wir sind aus uns selbst, um so mehr wird
unsere Seele in der Tugend voranschreiten, und
zwar ganz besonders in der wahren Demut.»[82]

Wenn man nicht weiß, wie man sich verhalten
soll, besonders wenn die Urteilsfähigkeit in Verwirrung geraten ist, dann ist es unbedingt erforderlich,
sich an einen Ratgeber zu wenden. Der Gehorsam
im Vertrauen ist das einzige Mittel, einen Ausweg
zu finden; manchmal geht der Weg allerdings durch

---

81 Père M.D. Molinié, «Le courage d'avoir peur», Cerf, S. 89.
82 Hl. Theresia, «Vie». op. cit. Kap. X, S. 97.

die Dunkelheit, da das Auge blind geworden ist. Wir
haben eine so geringe Kenntnis von uns selbst.
Johannes Chrysostomus schreibt, daß «der Stolze
derjenige ist, der von allen sich selber am wenig-
sten kennt.»

Das unbedingt notwendige Erkennen seiner selbst

Für den heiligen Thomas ist es unbedingt notwendig, seine Hinfälligkeit zu erkennen, um demütig zu werden, und Katharina von Siena empfing
dieses Wort:

«Die Selbsterkenntnis wird dich die Demut lehren, indem sie dich erkennen läßt, daß du aus dir
selbst gar nicht existierst und daß du von Mir das
Dasein hast.»[83]

Angela von Foligno wird ihren Schülern sagen:

«O, meine lieben Kinder, Visionen, Offenbarungen, betrachtende Schau..., all das ist nichts ohne
die wahre Kenntnis von Gott und von sich selbst:
Ich sage es euch in Wahrheit, ohne sie hat nichts
irgend einen Wert.»[84]

P. Molinié weist auf die Finsternis hin, die in
jedem Menschen wohnt, wer immer er auch sei:

«Demütig sein, das heißt, die Finsternis erkennen, in der wir eigensinnig verharren; das heißt,
anerkennen, daß sie bereits da ist, noch ehe sie auf-
gespürt worden ist (...) Der Geist des Glaubens ist
dem des Eigensinns radikal entgegengesetzt, denn

---

83 Hl. Katharina von Siena, «Le livre des dialogues», op. cit.
84 A. von Foligno, «Le livre des visions et instructions de la Bienheureuse»,
    Tralin, 1914, S. 208.

er führt zum Zusammenbruch unserer Werturteile zugunsten des Vertrauens in einen anderen.»[85]

Die Demut: Das Band, das alle Tugenden umfängt

Der Heilige Geist zeigt uns durch leise, kaum wahrnehmbare Berührungen während des inneren Gebets diesen oder jenen Punkt in unserem Leben, der Gott mißfällt. Alle Tage belehrt er uns auch durch unsere Brüder. Wenn man sich darüber hinwegsetzt, dann nährt man das, was der heilige Augustinus die «superbia» nennt: «Eine ungeordnete Liebe zu sich selbst, eine ungeordnete Nachahmung Gottes, ein ungeordnetes Verlangen nach Größe.» Die Demut aber ist «die Mutter, die Wurzel, die Ernährerin, die Grundlage und das einende Band aller anderen Tugenden» (St. Johannes Chrysostomus).

---

85 «Le courage d'avoir peur», Cerf, S. 90-91.

VIII.

Die Barmherzigkeit

«Strahlend war die Haut seines Angesichts...»

«Was ist das Ziel des inneren Gebetes?» Nicht diese Frage war es, die Motovilov innerlich bewegte, als er sich bei seinem großen geistlichen Lehrer, dem heiligen Seraphim von Sarow, befand, sondern: «Was ist das Ziel des christlichen Lebens?»[86] Die Antwort ist unmißverständlich klar: «Der Erwerb des Heiligen Geistes», und er weist darauf hin, daß es sich dabei um eine besondere Frucht des Gebetes handelt. In der Tat, wer könnte auch ununterbrochen Almosen geben oder irgendwelche anderen guten Werke vollbringen? Das Gebet aber «ist immer möglich. Mehr als alles andere verleiht es die Gnade des Heiligen Geistes.»

Hat Jesus nicht gesagt: «Betet ohne Unterlaß?» Bete und erwirb den Heiligen Geist, der die Liebe ist, und die Liebe wird, wenn sie dir begegnet, dich leidenschaftlich umfangen. Es ist die irrsinnige

---

86 Irina Gorainoff, «Seraphim de Sarov», Spir. Orientale Nr. 11, S. 119.

Liebe Gottes (l'Amour fou de Dieu).[87] Leuchtend macht diese liebende Gegenwart des Heiligen Geistes. Bis hin zu seinem Leib wurde Moses von dieser Shekina der göttlichen Barmherzigkeit mit Licht erfüllt, als er betete. Er wußte nicht, daß die Haut seines Gesichtes strahlend war infolge seines Gespräches mit dem Ewigen (Ex 34,29). Ebenso war es beim heiligen Seraphim, inmitten der Einöde von Sarow, bei düsterem, umwölktem Himmel, als er mit Motovilov sprach.

Gebet und Barmherzigkeit

Dieses dem betenden Menschen zuteil werdende Leuchten ist das Zeichen einer authentischen Vereinigung, die sich in ungeahnter Tiefe vollzieht. Er hat den Heiligen Geist «erworben», den Tröster, den Beistand, den geheimnisvollen süßen Gast der Seele, den göttlichen Atem, ein Wort, das in der hebräischen Sprache weiblichen Geschlechtes ist. Eine fast blinde Eremitin liebt es, wenn sie sich an den Heiligen Geist wendet, auszurufen: «Meine anbetungswürdige liebe Mutter!» (Mon adorable maman). Ja, die göttliche Liebe beugt sich erbarmungsvoll über unsere Erde, die von so viel Elend gesättigt ist. Man spricht vom Herzensinneren (wörtlich: den Eingeweiden, frz: entrailles) der göttlichen Barmherzigkeit, um diese so mütterliche Liebe zu bezeichnen, die durch ihre Wärme den Eispanzer des Menschenherzens zum Schmelzen bringt, wie die Sonne es bei den Schneeglöckchen

---

87 Evdokimov, «L'amour fou de Dieu», Seuil.

und den Krokusblüten tut, wenn der Winter zu Ende geht. Gleich dem mütterlichen Heiligen Geist wird auch der Betende barmherzig. Dies ist möglich, anderenfalls hätte Jesus uns nicht das Gebot gegeben: «Seid barmherzig, wie euer himmlischer Vater barmherzig ist» (Lk 6,36). Eine andere Version gebraucht das Wort «vollkommen».

Es ist nicht irgendein Ersatz der Barmherzigkeit, sondern die erhabene, wirkliche, göttliche Barmherzigkeit, von der der heilige Paulus uns kündet in seiner Hymne an die Liebe:

«Die Liebe ist langmütig, gütig ist die Liebe, die Liebe ist nicht eifersüchtig, sie prahlt nicht, ist nicht aufgeblasen. Sie handelt nicht taktlos, sie sucht nicht den eigenen Vorteil, sie läßt sich nicht erbittern, sie trägt das Böse nicht nach. Sie freut sich nicht über das Unrecht, freut sich vielmehr an der Wahrheit. Alles deckt sie zu, alles glaubt sie, alles hofft sie, alles erträgt sie» (1 Kor 13).

Der herzzerreißende Ruf

«Gewähre mir die Gnade, dein Angesicht zu schauen», fleht Moses. «Ich werde vor dir meine ganze Herrlichkeit vorübergehen lassen, und ich werde vor dir den Namen des Herrn aussprechen. Ich habe Mitleid, mit wem ich will, und ich erweise Barmherzigkeit, wem es mir gutdünkt...» (Ex 33, 18-19). Und höre, was die göttliche Herrlichkeit ruft: «Barmherzigkeit will ich» (Hos 6,6). Welch herzzerreißender Ruf! Er allein vermag es, unseren

Blick umzuwandeln, und er wird sanfte Barmherzigkeit sein.

Die Wüstenväter haben uns zahlreiche Aussprüche hinterlassen, deren Aktualität auch heute noch unser Gewissen aufzurütteln vermag: «Einer der Brüder aus der Szetis beging eines Tages eine Sünde. Die Ältesten hielten Rat und ließen den Altvater Moses bitten, zu ihnen zu kommen. Er aber weigerte sich. Der Priester beauftragte daher jemanden, ihm zu sagen: «Komm, denn die Brüder warten auf dich.» Da erhob er sich, nahm einen durchlöcherten Korb, füllte ihn mit Sand, lud ihn sich auf den Rücken und kam so zu den Brüdern. Als diese ihn sahen, fragten sie: "Was hat das zu bedeuten, Vater?" Der Altvater antwortete ihnen: "Meine Sünden laufen hinter mir her, und ich sehe sie nicht, und heute soll ich gekommen sein, um über die Sünden eines anderen zu richten?" Als die Brüder das hörten, sagten sie nichts mehr und vergaben dem Schuldigen.»[88]

Wenn du nicht urteilst, bist du reinen Herzens

Isaak der Syrer hat diesen Blick, der sich des Urteilens enthält:

«Wenn jemand alle Menschen für gut ansieht und niemand in seinen Augen als unrein erscheint, dann kann man von ihm sagen, daß er wahrhaft "reinen Herzens" ist.»

«Die Reinheit des Herzens, das ist die Liebe zu den Schwachen, die gefallen sind.»

---

88 «Les sentences des Pères du désert», Abbaye St.Pierre de Solesmes.

«Wenn du siehst, daß dein Bruder dabei ist zu sündigen, dann lege den Mantel deiner Liebe um seine Schultern.»[89]

Dostojewski läßt in den «Brüdern Karamasow» den Staretz sagen:

«Meine Brüder, fürchtet nicht die Sünde; liebt den Menschen auch in der Sünde. Nach dem Bilde der göttlichen Liebe ist er geschaffen, und es gibt nichts Größeres auf der Erde.

Liebt die ganze Schöpfung, allumfassend und in all ihren Elementen, jedes Blatt, jeden Sonnenstrahl, die Tiere, die Pflanzen... Wenn ihr alle Dinge liebt, dann werdet ihr das göttliche Mysterium in den Dingen verstehen.

Wenn ihr dies einmal verstanden habt, dann werdet ihr es alle Tage mehr verstehen, und ihr werdet schließlich die ganze Welt lieben mit allumfassender Liebe.»[90]

«Wenn du deinen Bruder betrübt hast», rät der heilige Pachomius, «wirf dich auf dein Angesicht nieder, weine und sprich:

"Vergib mir, mein Herr, ich habe deinem Ebenbild (ton icône) Leid zugefügt..." Denn der König der Könige befindet sich bei ihm, sitzend wie auf einem Thron.»

«Richtet nicht», fordert Jesus (Mt 7,1). Die Kleine Theresia befand sich eines Tages, als sie schon krank war, in einem Dilemma. Es war während der Erholungszeit, da trat die Pfortenschwester ein, sie war in Eile und suchte eine «Gutwillige», um sie

---

89 Isaak der Syrer, op. cit.
90 Dostojewski, «Die Brüder Karamasouv».

abzulösen, dabei ging sie auf Theresia und eine andere Schwester zu. Theresia wäre gerne von der Rekreation fortgegangen, um sich der Ruhe an der «Winde» zu erfreuen, aber sie dachte, ihre Nachbarin hätte sicherlich den gleichen Wunsch, und daher faltete sie absichtlich ihre Handarbeit recht langsam zusammen. Die andere aber erhob sich flink und hielt ihr entgegen: «Ah, Schwester Theresia, man sieht wirklich gut, daß Sie es keineswegs eilig haben, einen Dienst zu erweisen!» Theresia antwortete nichts, später aber schrieb sie: «Von diesem Tage an habe ich es niemals mehr gewagt, über jemanden ein Urteil zu fällen.»[91]

Das Urteilen, ein tödliches Gift

Die Väter wußten sehr gut, daß das Urteilen ein tödliches Gift ist für jeden Christen, ganz besonders aber für diejenigen, die in Gemeinschaft leben. Von seinen Ursprüngen an wurde das gemeinschaftliche Leben dem Martyrium als gleichwertig zur Seite gestellt und nahm den gleichen Rang ein wie die gottgeweihte Jungfräulichkeit. Wir vergießen das Blut unseres eigenen Willens. Der verantwortliche Hirte muß darüber wachen, daß dieses Gift ausgemerzt werde, und jeder ist gehalten, sich durch die geschwisterliche Offenheit in die Verzeihung einzuüben. Es handelt sich darum, wie Theresia von Avila sehr richtig zu sagen wußte, demjenigen, der uns beleidigt hat, entgegenzugehen, nicht, um von ihm zu verlangen, daß er um Verzeihung

---

91 «Conseils et souvenirs», op. cit.

bitte, sondern um sich selbst klein zu machen, der
Kleinere zu werden. Wenn der andere diese oder
jene heftige Reaktion gezeigt hat, wer weiß? Vielleicht war in meiner Haltung irgend etwas, was ihn
gereizt hat? Und wenn nicht, so soll man dennoch
den ersten Schritt tun. Irrsinn der Liebe? Ja. Die
Liebe kann nicht anders als stark, treu und irrsinnig sein! Sich diesen Frieden zu geben, ist das kost-
barste aller Güter; wieviel verborgene Verwüstun-
gen gibt es doch ohne diesen Shalom, der so reich
an Bedeutung ist: Es ist ein Friede, der die Ankunft
des Heiligen Geistes verkündet, der die Versöhnung
ist, die Ruhe für die Seele, das Heil, der Segen, die
Herrlichkeit, der Reichtum, das Leben!

Nicht mehr den Heiligen Geist betrüben

Wir alle sind irdene Gefäße, und wir können
plötzlich in die Fallstricke des Urteilens geraten
sein, und welch schmerzliches Bedauern danach!
Wieviel innerliche Tränen! Niemals wird man
wagen, es aufs neue zu tun... Manchmal verspürt
man infolge einer besonderen Gnade etwas von der
göttlichen Sanftmut, so daß alle Seelenkräfte sich
dazu angetrieben fühlen, aus Barmherzigkeit zu
lieben und man sogar ein allgemeines körperliches
Unwohlsein empfindet, wenn man den Heiligen
Geist betrübt hat, indem man über seine Brüder
geurteilt hat. Gott aber wendet bei denen, die ihn
lieben, das Böse zum Guten. Ihre Wachsamkeit
hatte nachgelassen, und nun demütigen sie sich, sie
spüren die Verzeihung der anderen, und ihr Herz

wird weit, von freudigen Staunen erfüllt. Eine glückselige Niederlage, die dazu führt, daß man sich nicht für besser hält als die anderen...

Immer verzeihen

«Die christliche Vollkommenheit», schreibt P. Monier, «besteht nicht darin, keine Fehler zu haben, keine Dummheiten zu machen. Die christliche Vollkommenheit ist nicht negativ; sie ist die Vollkommenheit der Liebe. Sie liegt in der Verzeihung, und wenn man verzeiht, hat man gleichzeitig auch alles andere.

Wenn ihr jemanden seht, der es fertig bringt zu verzeihen, dann seid ganz beruhigt. Gott verzeiht immer dem, der seinerseits verzeiht, wie er dem gibt, der seinerseits gibt und wie er sich selbst dem gibt, der sich selbst ebenfalls gibt.

Ihr findet das Wort: Ereifert euch nicht..., verurteilt nicht..., laßt die Dinge geschehen, so wie sie geschehen..., es liegt darin eine Umwandlung, die sich vollzieht..., sprecht nicht von Sünde..., nennt es auch nicht anders, eine Umwandlung ist es...; das Innere des Herzens reinigt sich, es klärt sich, es vollzieht eine Scheidung, um dahin zu gelangen, sich zu befreien und vorwärts zu schreiten. Ihr werdet sehr wahrscheinlich dieses oder jenes sehen..., urteilt nicht..., klebt nicht die Etikette der Sünde darauf...; seid immer bereit, alle Dinge von ihrer guten Seite her zu sehen.»[92]

---

92 Père Monier, cité dans «Seigneur, je cherche ton visage».

Dostojewski hat von innen her diese göttliche Barmherzigkeit verstanden:

«Es ist für den Menschen unmöglich, eine Sünde zu begehen, die fähig wäre, die unendliche Liebe Gottes zu erschöpfen. Glaube daran, daß Gott dich liebt, so sehr, wie du es dir gar nicht vorstellen kannst, daß er dich in deiner Sünde und mit deiner Sünde liebt (und daß er auch die anderen in gleicher Weise liebt). Durch die Liebe wird alles erlöst, alles gerettet.»

Verlange alles von mir

Die Ausübung der Barmherzigkeit macht glücklich. Sie ist eine der Seligpreisungen. «Selig die Barmherzigen, denn sie werden Barmherzigkeit erlangen» (Mt 5,7), nicht nur für sich selbst, sondern für die Welt. Wirksam wird ihr Gebet, das Herz Gottes vermag es zu durchbohren. «Wenn jemand sich beim Reden nicht verfehlt, ist er ein vollkommener Mensch» (Jak 3,2). Es besteht eine Wechselbeziehung zwischen der Seligkeit der Barmherzigkeit und der der Reinheit des Herzens: beide gelangen zur Gottesschau. Wie bei Moses, so spricht Gott auch hier von Mund zu Mund im Kuß des Heiligen Geistes. Wie es bei ihm war, so vermag Gott auch hier nichts zu verweigern.

Der heilige Vinzenz von Paul, dessen Tage großen, bis zum Bersten gefüllten Schiffen vergleichbar waren, betete vier Stunden in der Nacht, ehe er sich dann an die Werke der Barmherzigkeit begab. In diesen langen Stunden des inneren Gebetes schöpfte er seine Freude. Vor nichts schreckte er zurück. Er hat nicht geurteilt, sondern Trost gespendet, er hat karitative Werke aufgebaut für die Obdachlosen, die Verlassenen, die Alleinstehenden, die Frauen in Not, die Kinder, die sich selbst überlassen waren. Er hat den Eifer der Priester erneuert, indem er Seminare eröffnete, um dem beklagenswerten Mangel an Ausbildung abzuhelfen; und dies war sein letztes Wort: Man muß «mehr» tun.

Symeon, der Neue Theologe, legte, als er auf verborgene Weise von sich selber sprach, folgendes Geständnis ab:

«Ich kenne sogar einen Menschen, der so glühend das Heil seiner Brüder ersehnte, daß er oft mit heißen Tränen zu Gott betete und flehte, sie möchten entweder alle zusammen mit ihm gerettet werden, oder daß auch er an den Qualen Anteil erhielte. Von glühender Liebe entflammt, wollte er auf keinen Fall ohne seine Brüder das Heil erlangen; denn durch das Band der Liebe im Heiligen Geist war er auf spirituelle Weise so eng mit ihnen verbunden, daß er des Himmelreiches nicht teilhaftig werden wollte ohne sie.»

Die heiligen Starzen, die zur spirituellen Reife gelangt waren, sagten von sich, daß sie verzehrt seien von «mitleidvoller Liebe», dieser «schmerzvollen Süßigkeit» (ils... se disaient usés par «l'amour de pitié», la «douloureuse douceur»).

In der Kompromißlosigkeit der Jugend verlangt man nach einer vollkommenen Welt, und man erkennt nicht, wie unvollkommen man selber ist.

So verbreitet sich die gleichsam unter der Asche
glühende Gewalt und tritt dann in vielfältiger Form
offen zutage. Wer aber betet, der lernt es, sich selber besser und besser zu erkennen. Angesichts der
sich ihm wehrlos zeigenden göttlichen Liebe lernt
er, daß dank der göttlichen Liebe allen Dingen eine
umwandelnde Kraft innewohnt. Der Altvater
Makarius wies darauf hin, daß das Menschenge-
schöpf nach und nach in der göttlichen Schönheit
zur Vollendung gelangt, so daß der Mensch «ganz
und gar Liebe, Sanftmut, Freude und Barmherzigkeit» wird.

Der Irrsinn der barmherzigen Liebe

Die Väter pflegten oft eine Handlungsweise an
den Tag zu legen, die uns übertrieben erscheinen
könnte, wenn sie nicht eine grenzenlose Barmherzigkeit erkennen ließe:

Da war z.B. jener Altvater, der, als er bemerkte,
daß einer der Brüder beim Offizium eingeschlafen
war, sich ihm näherte und dessen Kopf auf seine
Knie legte! Wie not tut es uns doch zu wissen, daß
diese in der Nacht der Zeit gleichsam verlorenen
demütigen Zeichen einer irrsinnigen Liebe wirklich
existiert haben und noch immer so voll von Lebens-
saft sind, um zu verstehen, was es ist um das reine
Herz: Ein mütterliches Herz ist es, das sich des
Urteilens enthält.

In seiner allumfassenden Barmherzigkeit spricht
Isaak der Syrer ein aufrüttelndes Wort über das von
Liebe erfüllte Herz. Es läßt an den heiligen Philipp

Neri denken, dessen Herz auf den dreifachen Umfang angeschwollen war, so daß seine Rippen sich verbogen; so sehr war es von einem Übermaß von Liebe erfüllt, und ein solches Feuer strahlte es aus, daß die Sünder sich bekehrten. Gepriesen sei die göttliche Barmherzigkeit, die uns zum Bewußtsein führt, wie eng unsere Liebe ist angesichts der lebendigen göttlichen Flamme, die die Heiligen verzehrt.

«Was ist das, ein erbarmungsvolles Herz? Es ist ein Herz, das überfließt vor Liebe für die ganze Schöpfung, für die Menschen, für die Vögel, für die Tiere (...), für alle Geschöpfe. Tränen entströmen seinen Augen, und ein tiefes und starkes Erbarmen, ein unendliches Mitleid erfüllen sein Herz mit schmerzvoller Zärtlichkeit, und er kann es nicht ertragen, nicht hören und nicht sehen, daß ein Geschöpf auch nur das geringste Unrecht, das geringste Leid erduldet. Deshalb betet er und hört nicht auf zu weinen, auch für die stumme Kreatur und sogar für die Kriechtiere, für die Feinde der Wahrheit und für ihre Verfolger, damit Gott sie beschütze und ihnen verzeihe. Er betet mit so großem und grenzenlosem Mitleid, daß er Gott darin ähnlich wird.

Daran werden jene erkannt, die zur Vollkommenheit gelangt sind: Selbst wenn man sie um ihrer Liebe zu den Menschen willen zehnmal am Tag den Flammen übereignete, so wären sie dennoch nicht damit zufrieden, vielmehr würden sie mit Moses zu Gott sprechen: "Wenn du ihnen nun ihre Sünde vergibst, dann vergib ihnen, wenn nicht, dann lösche auch mich aus diesem Buch, in das du mich geschrieben hast"» (Ex 32,32).[93]

---

93 Isaak der Syrer, op. cit.

IX.

Der Gehorsam

«Das wird mit einem Diamanten auf die Stirne geschrieben»

Diejenigen, die damit beauftragt sind, uns Führer zu sein auf dem Weg zur Heiligkeit, stellen sich immer wieder die gleiche Frage: «Ist er gehorsam?» Die Heiligen haben den Gehorsam geliebt. In ihrer köstlichen Ausdrucksweise pflegte die kleine Mariam ganz lapidare Sätze zu prägen:

«Ich immer wollen, was Gott will; ich immer tun den Willen Gottes.»

«Es ist mir lieber, durch den Willen Gottes in die Hölle zu gehen als durch meinen eigenen Willen in den Himmel.»

«Der Gehorsam ist alles.»

Sie legte den Finger auf eine Formel der Gelübde und sprach die drei Worte: Keuschheit, Armut, Gehorsam:

«Dies wird mit einem Diamanten auf die Stirne geschrieben, und das Ganze (der Rest der Formel) aus reinem Gold. Der Gehorsam wird in die Mitte

der Stirne geschrieben, weil nichts Gott so ange-
nehm ist wie der Gehorsam, weil Jesus gehorsam
war. Die Keuschheit (ist) nicht so groß wie der
Gehorsam. Was hat der Herr getan, als er ein kleines Kind war? Gehorcht! Was hat er getan, als er
verachtet wurde? Gehorcht! Und das letzte Wort,
das er aussprach, war dieses: «Alles ist vollbracht!»
Das bedeutet: «Gehandelt habe ich nach deinem
Wort, ich habe gehorcht.» Warum sind die bösen
Engel so tief gefallen? Nicht wegen der Keuschheit,
sondern weil sie nicht gehorsam waren. Der Stolz,
das ist: nicht gehorchen!»[94]

Theresia vom Kinde Jesu befolgte auch die kleinsten Vorschriften (klein dem Anschein nach, groß
in der Treue!): Eine bestimmte Türe zu schließen,
nicht durch den Chor zu gehen und andere Dinge
dieser Art, die Mutter Marie de Conzague angeord-
net und wenige Tage später selbst wieder vergessen
hatte. Theresia fuhr fort, darin den Willen Gottes
zu sehen und lehrte auch ihre Novizinnen, es so zu
tun:

«Wir dürfen uns das Leben nicht zu leicht
machen. Da es unser Wunsch ist, Märtyrer zu
sehen, muß man sich der Gelegenheiten bedienen,
die sich bieten, um aus unserem Ordensleben ein
Martyrium zu machen.»[95]

Theresia von Avila liebte es, den Gehorsam ihrer
Töchter auf die Probe zu stellen, und sie war des-
halb manchmal voll staunender Bewunderung.
Es handelt sich dabei nicht um einen «blinden»,

94 «Mariam, la petite arabe», op. cit. S. 151.
95 «Conseils et souvenirs», op. cit.

sondern um einen «liebenden» Gehorsam, wie
Franz von Sales es ausdrückte. Sie selbst zog es vor,
sich eher als einer göttlichen Inspiration den
Befehlen der Oberen zu beugen, denn so war sie
sicher, sich nicht zu täuschen.

P. Gratian erzählt:

«Mein Wunsch war es, daß in Sevilla ein Nonnen-
kloster gegründet werde, sie aber wollte es in
Madrid. Schließlich sagte ich ihr, sie möge die
Sache mit unserem Herrn ausmachen. Zwei oder
drei Tage später sagte sie mir, daß sie, ihrer
Gewohnheit entsprechend, schon eine klare Antwort habe: Sie solle sich daran begeben, ein Kloster
in Madrid zu gründen. Dessen ungeachtet, gab ich
ihr den Befehl, sich aufzumachen und in Sevilla zu
gründen. Ohne daß sie auch nur das Geringste ent-
gegnet hätte, wurden die Wagen gerüstet, um sich
dorthin zu begeben.

Einige Tage später fragte ich sie jedoch, ob sie der
Ansicht sei, daß ihre erste Eingebung die richtige
gewesen sei. Lächelnd antwortete sie mir: "Wissen
Sie nicht, daß alle Offenbarungen, die ich emp-
fange, bei weitem nicht ausreichen, um mir eine
Gewißheit über den Willen Gottes zu geben? Wozu
wäre es da gut, einen Einspruch zu erheben?" Dann
bat ich sie, die Sache aufs neue mit dem Herrn zu
überdenken, um zu sehen, was er zur Antwort gäbe.
Sie erwiderte, daß er ihr bereits gesagt habe: "Du
hast recht daran getan zu gehorchen; so werde ich
nun selbst auf glücklichere Weise die Angelegenhei-
ten eures Ordens regeln; dies geschieht aber um

den Preis von unermeßlichen Prüfungen." Was dann auch wirklich eintraf...»

«Sie ging sogar so weit, ihren Schwestern zu gehorchen, selbst wenn sie sah, daß die betreffende Entscheidung nicht gerechtfertigt war; "denn", so sagte sie, "besser ist es, in dieser Angelegenheit nicht das sachlich Richtige zu tun, als sich des Gehorsams gegenüber allen aus Liebe zu Gott zu berauben, vorausgesetzt, daß es sich um Dinge handelt, die dem Herrn nicht mißfallen können."»[96]

Welchen Grund hat dieser vollständige Gehorsam, der bei einer so großen Zahl von Heiligen immer geläuterter wurde? Ist das Absurdität? Äußerer oder innerer Zwang? Selbstaufgabe der Persönlichkeit? Eine Art Sklaverei, vielleicht sogar Masochismus, Rückkehr zu kindhaften Verhaltensformen, Verlust des Sinns für Verantwortung? Der Geist der Welt allerdings kann den Gehorsam nicht verstehen, wie er auch nicht an die Keuschheit glaubt. Die Heiligen aller Jahrhunderte aber verkünden uns unverändert das Schlüsselwort: «Der Wille Gottes.»

Ein Schrei der Liebe

> «*Brandopfer und Sühneopfer hast du nicht gewollt, daher sprach ich: Siehe, ich komme, deinen Willen zu tun*» (*Ps 40, 7-9*).

Hier liegt der Grund für den Gehorsam der Heiligen und auch für den unsrigen, so unvollkommen er auch sein mag. Aus dem Schoße der Dreifaltig-

---

96 «Fioretti,» op. cit.

keit ist das Ewige Wort zu uns herabgestiegen. Dieses «Ja» bei der Inkarnation ist ein Schrei der Liebe als Antwort auf eine Bitte der Liebe.

«Der, der mich gesandt hat, ist mit mir. Er hat mich nicht allein gelassen, weil ich allezeit tue, was ihm wohlgefällig ist» (Joh 8,29).

Die Passion war der Höhepunkt des Hohenliedes, der verborgenen Hochzeit, bei der die Welt erneuert, neu geschaffen, wiederhergestellt wird, und das österliche Licht bekundet die Macht dieses «Amen» gegenüber der göttlichen Liebe. Jesus ging im Heiligen Geist freiwillig dem Kreuz entgegen; es ist ein freies, verantwortliches «Ja».

Der heilige Paulus schreibt den Römern:

«Denn wie durch den Ungehorsam des einen Menschen die Vielen zu Sündern gemacht wurden, so werden auch durch den Gehorsam des Einen die Vielen zu Gerechten gemacht» (Röm 5,19).

Jesus hat sich mit glühendem Verlangen nach dieser Taufe der Passion gesehnt, um uns durch die Liebe zu retten. Daher ist es nicht erstaunlich, daß die Augen der Heiligen fasziniert den Gehorsam Christi betrachten. Aus seiner durchbohrten Seite wurden sie geboren, und aus dieser göttlichen Quelle trinken sie seine Gnade in vollen Zügen, ohne Maß. Für sie, wie für Jesus, sind Gehorsam und verantwortliche Freiheit miteinander verbunden. Dies ist eine Torheit, die nur jene begreifen, die vom Heiligen Geist belebt worden sind. Silouan, der bei der Behandlung dieses Themas unerschöpflich ist, schrieb:

«Der Heilige Geist liebt die Seele des Gehorsa-
men, und daher erkennt ein solcher Mensch schnell
den Herrn und empfängt die Gabe des Herzensge-
betes.

Nur wenige sind es, die das Mysterium des
Gehorsams verstehen. Wer gehorcht, ist groß vor
Gott. Er wandelt in den Fußspuren Christi, der uns
durch sich selbst das Vorbild des Gehorsams gegeben hat. Der Herr liebt die gehorsame Seele und
gibt ihr seinen Frieden; dann ist alles gut, und die
Seele empfindet Liebe zu allen.

Der Gehorsame hat sich dem Willen Gottes über-
eignet, und darum wurde ihm die Freiheit gegeben
und die Ruhe in Gott, und er kann beten mit einem
reinen Geist. Die Stolzen und Ungehorsamen aber
können nicht auf reine Weise beten, selbst wenn sie
große aszetische Anstrengungen auf sich nehmen
würden. Sie wissen nicht, wie die Gnade wirkt, und
auch nicht, ob der Herr ihnen ihre Sünden vergeben hat. Der Gehorsame aber weiß in aller Sicherheit, daß der Herr ihm seine Sünden vergeben hat,
denn er vernimmt die Stimme des Heiligen Geistes
in seiner Seele.»[97]

Es handelt sich in der Tat um eine Hingabe an
den Willen Gottes. Man entsagt seinem eigenen
Willen, um sich vollständig der göttlichen Liebe zu
übereignen. Auf wundervolle Weise drückt der
Hebräer-Brief diesen Glauben aus, indem er das
Bild eines Menschen zeichnet, der ganz erfüllt
ist vom Vertrauen in den göttlichen Liebesplan.

---

97 «Staretz Silouane», Archimandrite Sophrony. Edition Présence, 2. Teil, Kap.
   XV, S. 380.

Abraham wurde durch den Glauben gerufen; er gehorchte und brach auf (Hebr 11,8). Man muß die ganze Aufzählung lesen, die darauf folgt. Es besteht wirklich eine naturgegebene Verbindung zwischen dem Glauben und dem Gehorsam.

Durch den Glauben gehorchte er. «Es handelt sich darum, im Glaubensgehorsam dem Willen den Vorrang zu geben, denn das Licht des Glaubens bewirkt, daß man durch eine Willenszustimmung (die zu glaubenden Wahrheiten) bejaht. So beugt sich in der Zustimmung des Glaubens der Verstand gleich einer Gefangenen vor der Anweisung des Willens» (St. Thomas).

In Mara gehorchte Moses Gott, als er den Zweig in die Salzquelle warf, wodurch das Wasser süß wurde. Dies geschah im Glauben. Er war voll Vertrauen in der Prüfung, während das Murren seiner Brüder ihn quälte, und dies war der Lohn. Der Herr sprach zu ihm:

«Wenn du auf die Stimme deines Gottes hörst und tust, was recht ist in seinen Augen, wenn du seinen Geboten gehorchst und alle seine Satzungen beobachtest, dann will ich keine der Krankheiten, die ich über Ägypten kommen ließ, über dich verhängen, denn ich, der Herr, bin dein Arzt» (Ex 15,26).

Die Heilung ist eine Frucht des Gehorsams.

Das Fehlen des Glaubens und der Ungehorsam

Unsere Schwierigkeit zu gehorchen kann evtl. durch einen Mangel an Glauben verursacht sein.

Wie kann man sich engagieren, wenn man dem
anderen kein vollkommenes Vertrauen entgegen-
bringt, einem anderen, «der sich nicht irren und
uns nicht täuschen kann»?

Wenn der Christ die Stimme der göttlichen Liebe
zu vernehmen sich sehnt, so ist dies nur möglich,
wenn er sich an den Gehorsam hält. In der Heiligen
Schrift wird vom Jünger gesagt, daß er ein Mensch
ist, der auf die Weisheit hört. Diese befindet sich
nicht am anderen Ende der Welt, sondern in unserer Reichweite, Tag für Tag (s. Weish 6,14). Der heilige Benedikt wird manchmal mit einem unge-
wöhnlich großen Ohr dargestellt, das ganz
absorbiert ist vom Lauschen auf eine Stimme. Er
begibt sich unter das göttliche Wort, von dem Theresia von Avila sagte, daß es der Regen sei, der
reichlich unseren Garten bewässert. Das göttliche
Wort kehrt nicht zum Himmel zurück, ohne das
Herz befruchtet zu haben (s. Jes 55, 10-12). Und
was tut ein Herz, wenn es von der göttlichen Liebe
durchbohrt ist? Es liebt, dem reinen Verlangen der
Liebe entsprechend, und wer weiß, vielleicht bis
zum Martyrium, von dem Theresia von Lisieux
gesprochen hat.

In der Hymne an die Philipper spricht der heilige
Paulus von der Erniedrigung Christi. Ja, er hat sich
erniedrigt und wurde gehorsam bis zum Tode. Der
Brief an die Hebräer sagt es noch deutlicher:

«So hat er, obwohl er Sohn war, an dem, was er
litt, den Gehorsam gelernt» (Hebr 5,8). «Vater,
nicht mein Wille, sondern der deine» (Lk 22,42).

Ohne Gehorsam keine Kathedrale

Im geistlichen Leben scheint alles, Stein für
Stein, bis hin zum Schlußstein, einander zugeordnet zu sein, da die eine Tugend sich mit jener anderen Gabe des Heiligen Geistes verbindet, und diese
eine Frucht mit jener anderen Seligpreisung. Ohne
den Gehorsam aber stürzt das ganze Gebäude ein.
Wer «Gehorsam» sagt, der sagt zugleich Erniedrigung, Demut, Geduld, Glauben und Vertrauen zu
den Brüdern, besonders zu den Hirten (den Verant-
wortlichen). Der Friede entsteht aus dem Gehorsam, der apostolische Eifer wird gefestigt, die Hingabe an die göttliche Vorsehung öffnet allem die
Türe. Die Hingabe des Ich, der Verzicht auf den
eigenen Willen, die Herzensfreude, die nicht mehr
durch Kleinigkeiten getrübt wird, alles das entsteht
und wächst zu gleicher Zeit. Gott schaut das herrli-
che romanische Gewölbe und das sanfte Licht der
Gottes- und Nächstenliebe, von dem es erfüllt ist;
die innere Freiheit verleiht Flügel. Molinié weist in
diesem Zusammenhang darauf hin, daß die Reinheit der Absicht ganz unerläßlich ist für die Seele,
die lieben will. Was hätte der Erwerb von Tugenden
für einen Sinn, wenn es nicht zunächst darum
ginge, das Herz Gottes allein zu erfreuen, wenn
man sich statt dessen (menschliche) Wertschätzung zu erwerben suchte?

«Wenn der größte Teil unseres Gebäudes darauf
ausgerichtet ist, wie schade wäre das! Theresia von
Avila erwähnt selbst, daß eine große Zahl der klas-
sischen Versuchungen der Jugend von dem Verlangen nach Ehre verursacht werde. Wir sollten uns

dafür nicht so sehr interessieren. Selbst wenn man alles gegeben hat, so hat man doch seinen guten Ruf nicht verloren: Wir genießen noch die Wertschätzung der anderen. Man muß bereit sein, auch dies zu opfern — ja, in gewissem Sinne sogar danach verlangen, denn von allem, was wir Gott geben können, gibt es nichts, was aus größerer Tiefe kommt. Um dahin zu gelangen, ist es gut, das Heiligste Antlitz zu betrachten... Wenn wir es fertig bringen, uns darüber zu freuen, wenn wir eventuell unseren guten Ruf verloren haben, dann sind wir vollständig frei..., und Gott wünscht für uns diese innere Freiheit.»[98]

Die passive Nacht der Sinne ist oft notwendig, um uns in diesem Punkte zu reinigen, da die aktive Reinigung nicht genügt. Gott weiß, wo er die Axt anzulegen hat, und zu welchem Zeitpunkt es geschehen muß. Gepriesen sei seine Pädagogik! Durch diesen Verlust des guten Rufes hindurchzugehen, ist und war das Los aller Heiligen. Es ist der einzige Weg, um den Stolz zu brechen, damit wir uns in der Demütigung Christus entgegenstrecken und ihm gleichförmig werden. Ein düsterer Weg? Eine unermeßliche Gnade vielmehr, deren Ausmaß man erst später erkennt.

Gehorsam gegenüber den Verantwortlichen

Der heiligen Marguerite-Marie vertraut der Herr an:

---

98 «Le courage d'avoir peur», op. cit. S. 78.

«Nichts ist so schwerwiegend wie der Mangel an Gehorsam gegenüber den Oberen oder gegenüber der Regel; und die geringste Gegenrede, die von Widerwillen gegen die Oberen zeugt, ist mir unerträglich. Wisse, daß ich all dies aus meiner Gegenwart entferne, da es verdorbene Früchte des eigenen Willens sind, was mir bei einer gottgeweihten Seele ein Abscheu ist.»[99]

Der heilige Johannes Klimakus berichtet uns eine köstliche Szene, bei der es um den Gehorsam geht, besonders gegenüber den Oberen:

«Eines Tages, als wir im Refektorium saßen, neigte sich dieser große Obere zu mir herüber, näherte seinen Mund meinem Ohr und sagte zu mir:

"Willst du, daß ich dir eine ganz göttliche Weisheit zeige in einem höchsten Greisenalter?" Und da ich ihn inständig darum bat, rief er vom zweiten Tisch einen gewissen Laurentius herbei, der schon etwa 48 Jahre lang im Kloster lebte und der der zweite Priester des Klosters war. Er kam also, kniete vor dem Oberen nieder und empfing seinen Segen. Als er sich dann aber erhoben hatte, sagte der Obere nicht ein einziges Wort zu ihm und ließ ihn ohne Essen vor dem Tische stehen. Dies geschah zu Beginn der Mahlzeit; daher stand er dort eine gute Stunde oder auch zwei. Ich wagte nicht einmal, das Antlitz dieses geistlichen Kämpfers zu betrachten, denn er war ganz weiß vom Alter, er war 80 Jahre alt. Er blieb dort bis zum Ende der Mahlzeit, ohne eine Antwort zu erhalten,

---

99 Ste Marguerite-Marie, «Vie et œuvres», Poussielgue, 1915.

und dann, als wir uns vom Tisch erhoben, schickte ihn der Selige zu dem großen Isidor, um ihm den Anfang des Psalmes 39 zu rezitieren.»

Da ich nun sehr durchtrieben war, versäumte ich nicht, auch meinerseits den Altvater auf die Probe zu stellen; ich fragte ihn also, woran er gedacht hätte, als er da im Refektorium stand. «Ich betrachtete», sprach er, «meinen Oberen als eine Ikone Christi, daher war ich davon überzeugt, nicht von ihm, sondern von Gott einen Befehl erhalten zu haben. Und so stand ich dort, Vater Johannes, nicht wie vor dem Tische der Menschen, sondern wie vor dem heiligen Altar, und ich betete zu Gott. Ich hegte in meinem Herzen keinen einzigen schlechten Gedanken gegen meinen Hirten, wegen des Vertrauens und der Liebe, die ich für ihn empfinde; es steht ja geschrieben: "Die Liebe denkt nichts Böses" (1 Kor 13,5). Außerdem, Vater, bedenke auch dies: Wenn jemand sich selbst freiwillig der Einfalt und Unschuld ergibt, dann gibt es für den Bösen keine Zeit und keinen Ort, wo er ihn angreifen könnte.»

Daher wies Molinié darauf hin, daß man, wenn man Gott allein gehorcht, nicht die Wertschätzung der anderen sucht, und auch nicht die seines Oberen. Gut ist es, dessen Absichten in aller Fügsamkeit und Gewissenhaftigkeit zu verstehen zu suchen, so wie es gefordert ist, und sich danach nur noch um Gott zu kümmern. Es ist ein Zeichen von Barmherzigkeit, Mitleid zu haben mit dessen erdrückendem Amt, denn seine Aufgabe ist es ja, uns durch tausend Schwierigkeiten zum Himmelreich zu führen.

Der heilige Johannes Klimakus ermutigt uns
auch durch diesen anderen Rat:

«Es ist unbedingt erforderlich, daß alle, die ein
unerschütterliches Vertrauen in ihre Oberen haben
wollen, in ihrem Herzen die ständige und unauslöschliche Erinnerung an deren gute Werke bewahren. Wenn dann die Dämonen kommen, um das
Mißtrauen gegen sie auszusäen, dann werden sie
sie durch diese in ihrem Gedächtnis bewahrten
Erinnerungen zum Schweigen gebracht. Je mehr
nämlich das Vertrauen im Herzen wächst, mit um
so größerem Eifer vollbringt der Körper seinen
Dienst; wer aber an das Mißtrauen auch nur streift,
der ist schon gefallen, denn "alles, was nicht aus
innerer Überzeugung geschieht, ist Sünde" (Röm
14,23).

Wenn der Gedanke in dir aufsteigt, deinen Oberen zu beurteilen oder zu verurteilen, dann fliehe
ihn (diesen Gedanken) wie die Unkeuschheit. Laß
dieser Schlange niemals auch nur die geringste
Handlungsfreiheit, gib ihr keinen Platz, keinen
Zugang, keine Initiative, sondern sprich zu dem
Drachen: "O, du Betrüger, mir kommt es nicht zu,
über meinen Oberen zu richten. Ich bin nicht zu
seinem Richter bestellt worden, sondern er zum
Richter über mich."»[100]

Im übrigen sind die Oberen die ersten, die zum
Gehorsam verpflichtet sind. Es geziemt sich daher,
ihnen durch unseren Gehorsam von Gotteskindern
zu helfen, ihr erdrückendes Amt zu tragen.

---

100 ibid., S. 57.

In dem Buch «Le dialogue des Carmélites» legt
Bernanos folgende eindringlichen Worte in den
Mund der alten Priorin:

«Ja, ja, meine Töchterchen, es ist ebenso wichtig,
das Gehorchen zu erlernen wie das Befehlen.
Gehorchen, das bedeutet nicht, sich passiv führen
zu lassen, wie etwa ein Blinder seinem Hunde folgt.
Eine alte Ordensfrau, wie ich, hat kein sehnlicheres
Verlangen als im Gehorsam zu sterben, aber in
einem aktiven und bewußten Gehorsam.»[101]

Der Gehorsam ist nicht dazu da, uns zu ersticken.
Er macht uns frei von jener Torheit, die ganz entgegengesetzt ist all den spitzfindigen Urteilen der
Welt, der sogenannten Klugheit und Autonomie des
Menschen, der angeblich frei ist von jedem Zwang.
Wenn das Herz blutet, «beugt» es sich nach und
nach, wie der heilige Thomas es so wundervoll sagt.
Es versteht auch die verborgene Gnade der
geschwisterlichen Offenheit sowie den Gehorsam
gegenüber den Brüdern. So wird, dem «Buche des
Lebens» der Gemeinschaft der Seligpreisungen
entsprechend, gemeinsam «das geistliche Wachs-
tum der Kinder Gottes vollzogen».[102]

---

101 «Dialogue des carmélites», op. cit., S. 177.
102 «Livre de Vie» de la Communauté du Lion de Juda et de l'Agneau immolé,
     op. cit.

X.

Die Sanftmut

Lerne von mir, der ich sanftmütig bin

Angela von Foligno weist darauf hin, daß Jesus, als er den Ausdruck: «Lernet von mir, daß...» gebraucht, nicht sagt: «Lernet von mir zu fasten oder die Welt zu verachten, auch nicht, wie ich den Himmel und die Erde geschaffen habe und nicht, Wunder zu tun»; sondern er sagt: «Lernet von mir, der ich sanftmütig bin und selbstlos von Herzen» (Mt 11,29). Glückselig nennt er die Armen im Geiste, die den Demütigen und Selbstlosen gleichzusetzen sind: sie besitzen schon das Gottesreich. Den Sanftmütigen wird das Erdreich zum Erbe gegeben. In seiner Broschüre «La tendresse de Dieu» schreibt Kardinal Etchegaray:

«Unsere Beziehungen untereinander sind heute sehr hart und grausam geworden: Wir lassen keine Ungeschicklichkeiten, keine Fehler der anderen mehr durchgehen, ja, schlimmer noch: Alles, was wir in unserer Umgebung sehen oder hören, übergießen wir mit einem Verdacht. In unserem Reden und Denken ist kaum noch Platz für das Wohlwollen, jene Geisteshaltung, die schnell bereit ist, bei Menschen und Ereignissen die gute Seite zu entdecken. Verloren haben wir die liebenswürdige Sanftmut und die Zärtlichkeit, wir wagen nicht einmal mehr, dieses Wort zu gebrauchen, denn es läßt den verwundbaren, arglosen und kindhaft-unschuldigen Charakter der Liebe offenbar werden.»[103]

Sanftmut und Selbstbeherrschung

Unsere Welt zerstört sich selbst durch die Gewalttätigkeit und andere Perversitäten. Da ist es gut, die Zeugen der Sanftmut aus der Urkirche zu betrachten, wie den Diakon Stephanus vor seinen Richtern, die ihn steinigten. Der heilige Johannes Chrysostomus analysiert in seinen «Predigten zur Apostelgeschichte» sehr zutreffend die Sanftmut:

«Wenn du in Wut gerätst, dann handelt es sich dabei nicht mehr um den Freimut des Wortes, sondern um eine Leidenschaft, und als eine solche wird ein derartiges Verhalten dann beurteilt. Ohne Sanftmut gibt es keine wirkliche Freiheit des Wortes. Ein und dieselbe Handlung kann nämlich nicht gleichzeitig gut und mit Mängeln behaftet sein. Mutig zu sprechen ist etwas Gutes; ein Fehler aber ist es, wuterfüllt zu reden. Daher ist es unerläßlich, frei zu sein von jeder Gereiztheit und Feindseligkeit, wenn wir mit Kühnheit sprechen wollen. Sogar wenn du etwas Richtiges sagen würdest,

---

103   Msgr. Etchegaray, «La tendresse de Dieu».

wenn es in aufgebrachtem Zorn geschähe, wäre alles verloren, sogar dein Freimut, deine guten und klugen Hinweise, alles, was du auch tust. Siehe diesen Menschen an (Stephanus), wie er spricht, ohne aufgebrachten Zorn, ohne Frechheit, wie er ihnen vielmehr die alten Prophezeiungen entgegenhält. Daß er durch keinerlei Ressentiment angetrieben wurde, beweist er, als er unter den Steinwürfen zu Boden fällt und dabei betet für die, die ihn reinigen: "Rechne ihnen dies nicht zur Sünde an." Dies ist nicht die Sprache des aufgebrachten Zornes, sondern die des Mitleids. So sind die Worte zu verstehen: "Sie sahen sein Antlitz wie das eines Engels..." Seien wir also rein von jeglichem aufgebrachten Zorn. Der Heilige Geist wohnt nicht da, wo der Zorn regiert. Der Wütende wird unselig genannt.»[104]

Eine köstliche Frucht

Als der heilige Paulus die Früchte des Heiligen Geistes aufzählt, gibt er der Sanftmut einen Platz bei «der Liebe, der Freude, dem Frieden, der Langmut, der Gefälligkeit, der Güte, dem Vertrauen in die anderen, der Selbstbeherrschung» (Gal 5, 22-23). Was ist diese Frucht des Heiligen Geistes anderes als die Gottesliebe? Die Gottesliebe aber ist stark, ihre Spuren sind Feuerspuren, eine Flamme des Herrn. Glühend will uns der Heilige Geist. Die Sanftmut ist nicht Weichlichkeit, nicht eine gewisse Art und Weise, gutmütig zu sein, kein

---

104   St. Johannes Chrysostomus, «Homélie sur les Actes des apôtres» H. 17.

Beschwichtigungsmittel. Christus ist sanftmütig, er zerbricht nicht das geknickte Rohr. Dennoch wirft er in seiner eifersüchtigen Liebe Paulus zu Boden: «Warum verfolgst du mich?» (Apg 9,4). Gott kann sowohl durch unwahrnehmbare als auch durch sinnenhaft erfahrbare Berührungen handeln.

«Die Seele», sagt Theresia von Avila, «erkennt klar in ihrem Inneren eine Art von Weitwerden und Wachsen. Stellt euch eine Quelle vor, die keinen Flußlauf hat, in den sie sich ergießen kann, bei der vielmehr das Becken, in das sie fließt, so hergestellt worden ist, daß es größer wird, je nach der Menge des Wassers, das dort hineinströmt...»

Dabei spricht sie hier nur vom Gebete der Sammlung. Was aber ist es um jene Ruhe auf den Stufen der geistlichen Brautschaft und Vermählung?

Die Heiligen wurden abwechselnd überflutet von einer unser Fassungsvermögen übersteigenden Sanftmut und Süßigkeit und dann wieder von unvorstellbarer Verlassenheit. In den Prüfungen wurden sie von tausend Qualen heimgesucht. Dennoch sieht man sie in der Nachfolge Christi leben und sanftmütig auf alle Beleidigungen und Beschimpfungen reagieren. Sanftmut und die Gabe der Stärke sind untrennbar miteinander verbunden.

Der Sanftmütige ist demütig, gütig, geduldig, barmherzig. Wer eine einzige dieser Seligkeiten leben würde, der sähe sie alle in seinem Herzen erblühen. Vom heiligen Franz von Assisi sagt man, er sei der «Poverello» par excellence. Man sieht ihn auch ganz erfüllt von Sanftmut, die von ansteckender Zärtlichkeit geprägt ist angesichts der Schönheit der Schöpfung, die seine reinen Augen betrachten, bei den Aussätzigen, bei Klara, seinen Brüdern, den Volksscharen, die ihm zuhören. Man weiß, daß er barmherzig ist gegenüber denen, die es nicht vermögen, seinen Vorstellungen von Heiligkeit zu entsprechen. Da er sich selbst in der Hand hat, besänftigt er den Wolf; und überall, wo er hinkommt, schafft er Frieden. Nach Gerechtigkeit dürstend, macht er sich auf den Weg, um das Evangelium zu verkünden. Es ist unmöglich, den Zusammenhang zwischen den Seligpreisungen nicht zu sehen: die einzelnen Wohnungen stehen miteinander in Verbindung.

Die Tiere fühlen die Sanftmut der Heiligen. Vom hl. Seraphim wird berichtet:

Um Mitternacht «kamen Bären, Wölfe, Hasen und Füchse, auch die Eidechsen und alle Arten von Kriechtieren zu seiner Eremitage. Wenn er seine Gebete beendet hatte, ging er hinaus, um sie zu ernähren, und es scheint, daß Gott auch das trockene Brot, das er in sehr kleiner Menge besaß, vermehrte, damit alle Geschöpfe, die in dieser Wüste von Sarow Hunger litten, ihren Anteil bekämen. Vater Alexander fügte hinzu: «Besonders beeindruckend war die Freude, die von Vater Seraphim ausstrahlte.»[105]

Jesus ist Herr der Natur, und diejenigen, die seine Freunde sind, können voller Liebe Skorpione und Reptilien in die Hände nehmen, ohne Schaden zu erleiden. Die kleine Mariam, die Araberin, gab

---

105 Seraphim von Sarow, op. cit. S. 38-39.

einer Giftschlange in einer Schale Milch zu trinken, was die anderen mit Entsetzen erfüllte.

«Eine unaussprechliche Sanftmut»

Als Gott den Staretz Seraphim vor seinem Freund Motovilov — einem Laien — verklärte, wußte er, was er tat; denn die Zeit würde kommen, da Rußland im Atheismus und in der Schreckensherrschaft der Konzentrationslager versinkt, wo es kein Erbarmen und keine Sanftmut mehr geben wird. Was sieht also an diesem grauen Wintertag der Freund des Heiligen? Einen Menschen, der vom Heiligen Geist erfüllt ist, welcher sich durch ein Licht kundtut, das den Schnee im Umkreis von mehreren Metern erleuchtet. Kaum wagt er es, den heiligen Eremiten, der ihn an den Schultern hält, zu betrachten. Wohl spürt er den Druck der Hände, aber er sieht nicht, als «ein funkelndes Licht». Seraphim fragt ihn :

«Was verspüren Sie jetzt?»

«Ich fühle mich außerordentlich wohl.»

«Wieso wohl? Was wollen Sie ausdrücken mit "wohl"?»

«Meine Seele ist von unaussprechlichem Schweigen und Frieden erfüllt.»[106]

Seraphim erklärt ihm, daß dieser unsagbare Friede von oben kommt.

«Was verspüren Sie noch?»

«Eine unaussprechliche Sanftmut und Süßigkeit.»

---

106   ibid. S. 209-210.

Es ist die Sanftmut und Süßigkeit, von der in der Heiligen Schrift gesprochen wird: «Sie werden den Trank deines Hauses trinken, und du wirst ihren Durst stillen durch die Ströme der Sanftmut und Süßigkeit» (Ps 36,35). Sie fließt über aus unseren Herzen, sie ergießt sich in unsere Adern, sie bewirkt ein Gefühl von unaussprechlicher Wonne.»[107]

Wie durch einen Schleier läßt der Herr die Glut seiner Liebe verspüren. Gesegnet sei Motovilov, der uns dieses Zeugnis überliefert hat.

«Er rief die Liebe in mir hervor»

Angela von Foligno hatte als Schloßfräulein in Luxus und Sünde gelebt. Strahlend, geschickt in der Kunst des Verführens, von heftiger Gemütsart und voller Stolz, spielte sie ein doppeltes Spiel und ließ sich als eine Heilige ansehen. Heuchlerisch legte sie Bretter in ihr Bett, nachdem sie aufgestanden war und entfernte die seidenen Vorhänge und die wattegefüllten Decken. Es kommt aber die Zeit, da Gott sich wie ein Adler auf seine Beute stürzen und dieses Herz zermalmen wird.

Sie wird Mutter, und als ihre Kinder plötzlich sterben, gibt sie alles hin und wird Franziskaner-Tertiarin. Sie macht eine Pilgerreise nach Assisi, und am Grabe des heiligen Franziskus senkt sich der Heilige Geist auf sie nieder und ruft durch die Sanftmut und Süßigkeit seiner Gegenwart die Gottesliebe in ihr hervor, die sehr lebhaft empfunden

---

107 ibid. S. 210.

wird. Als er sich dann spürbar zurückzog, schrie sie auf vor Schmerz:

«Ich machte also meine Pilgerreise: Ich betete auf dem Weg und erbat mir unter anderem vom heiligen Franziskus die treue Beobachtung seiner Regel, zu der ich mich verpflichtet hatte, ich bat darum, in der Armut zu leben und zu sterben.

Ich hatte mich schon zuvor nach Rom begeben, um vom heiligen Petrus die Gnade und die Freiheit zu erbitten, die erforderlich sind, um wirklich arm zu leben. Ich war an dieser Grotte angelangt, jenseits derer man auf einem schmalen Pfade nach Assisi hinaufsteigt. Als ich dort war, hörte ich eine Stimme, die sprach: «Du hast zu meinem Diener Franziskus gebetet, aber ich wollte dir einen anderen Missionar schicken, den Heiligen Geist. Ich bin der Heilige Geist, ich bin es, der kommt, und ich bringe dir eine Freude, wie du sie nicht kennst. Ich werde in dein tiefstes Inneres eintreten und dich zu meinem Diener hinführen.

Ich werde während des ganzen Weges zu dir sprechen; ununterbrochen wird mein Wort sein, und ich rate dir, auf keine andere Stimme zu hören, denn ich habe dich gebunden, und ich lasse dich nicht mehr los, bis zu ein zweitesmal hierher gekommen sein wirst, und auch dann werde ich dich nur lassen für diese Freude von heute; im übrigen aber niemals, niemals, wenn du mich liebst.» Und er rief die Liebe in mir hervor, und er sprach:

«O, meine geliebte Tochter! O, meine Tochter und mein Tempel! O, meine Tochter und meine Freude! Liebe mich! Denn ich liebe dich, weit mehr, als du

mich liebst!» Und unter seinen Worten kam immer
wieder dieser Satz vor:

«O, meine Tochter, meine Tochter und meine
geliebte Gemahlin!» Und dann fügte er hinzu: «O,
ich liebe dich! Ich liebe dich mehr als irgend eine
andere Person, die in diesem Tale lebt. O, meine
Tochter und meine Gemahlin! Ich habe mich in dir
niedergelassen und ausgeruht, jetzt laß du dich nieder und ruhe dich in mir aus. Ich habe mitten unter
den Aposteln gelebt: sie sahen mich mit den Augen
des Leibes und verspürten mich nicht, wie du mich
verspürst. Wenn du nach Hause zurückgekehrt sein
wirst, dann wirst du eine andere Freude verspüren,
eine Freude ohne Beispiel. Es wird nicht nur wie
jetzt der Ton meiner Stimme in deiner Seele sein,
ich selbst werde es sein. Du hast meinen Diener
Franziskus gebeten in der Hoffnung, durch ihn
Erhörung zu finden. Franziskus hat mich geliebt,
ich habe vieles in ihm gewirkt; wenn aber irgend
eine andere Person mich mehr liebte als Franziskus, dann würde ich mehr in ihr wirken.»

Er fügte hinzu: «In Gegenwart der Völker werde
ich in dir große Dinge vollbringen; ich werde in dir
erkannt und verherrlicht werden, durchscheinend
sein in dir; der Name, den ich in dir trage, wird
angebetet werden angesichts der Völker.» Er fügte
noch vieles andere hinzu.

Ich aber erwägte, als ich ihm zuhörte, meine
Sünden und Fehler, und ich sagte mir: «Du bist
nicht würdig einer so großen Liebe.» Ich wurde von
Zweifel gepackt, und ich sagte zu dem, der zu mir
sprach: «Wenn du der Heilige Geist wärest, dann

würdest du mir nicht diese unangemessenen Worte
sagen; denn ich bin gebrechlich und fähig zum
Stolz.» Er antwortete: «Nun gut, versuche es! Versuche es, Eitelkeit aus meinen Worten zu ziehen,
versuche es doch, nur ein wenig; versuche es, an
etwas anderes zu denken.» Ich gab mir alle Mühe,
ein Gefühl des Stolzes hervorzurufen; aber all
meine Sünden stiegen in meinem Gedächtnis auf,
und ich verspürte eine größere Demut als jemals
zuvor in meinem Leben. Ich machte den Versuch,
Zerstreuungen herbeizurufen, und ich betrachtete
interessiert die Weingärten längs des Weges. Ich
versuchte, nicht auf das zu achten, was man zu mir
sagte, aber wohin mein Auge sich auch verirrte,
immer sprach die Stimme: «Schau, betrachte; dies
ist meine Schöpfung.» Und ich verspürte eine
Süßigkeit, eine unaussprechliche Süßigkeit.[108]

Göttliche Pädagogik

«Wer könnte uns scheiden von der Liebe Christi?» (Röm 8,35). Diese Sanftmut und Süßigkeit
wohnt in jedem Getauften, der in der Gnade der
göttlichen Liebe lebt. Manche nehmen diese
Gegenwart des Heiligen Geistes wahr (allerdings
muß das alles durch einen erfahrenen Seelenführer
geprüft werden): Ungewöhnliche Wärme, die
Brust, die ganz plötzlich gleichsam entflammt ist.
Die göttliche Liebe läßt sich auf wahrnehmbare
Weise verspüren. Bei manchen kommt es vor,
besonders wenn sie gedemütigt werden, daß sie

---

108 A. von Foligno, op. cit., S. 68-71.

dabei nichts anderes empfinden als diese unerklär-
liche Sanftmut und Süßigkeit, die ihnen hilft,
nichts zu entgegnen…, selbst wenn später ein bren-
nender Schmerz verspürt wird, beleidigt worden zu
sein.

Andere haben niemals die Erfahrung dieses
beseeligenden Feuers gemacht, und man soll auch
nicht danach suchen. Gott gibt, wem er will, und
was er will. Angela von Foligno befand sich am
Anfang ihrer Bekehrung, als diese Erfahrung ihr
widerfuhr. Gewiß, sie hatte alles fortgegeben und
verlangte nach nichts anderem als in der Wahrheit
zu leben, sich selbst zu erkennen und Gott zu
erkennen. Wenn die göttliche Liebe sie auf solch
mystische Weise überflutet hat, so deshalb, um sie
noch mehr zu verlocken, in Anbetracht ihrer vor-
ausgegangenen Schwäche und ihrer gegenwärtigen
Hingabe oder aus irgend einem anderen Grund, der
Gott allein bekannt ist. Viele Heilige haben diese
Erfahrungen nicht gekannt und sind Schritt für
Schritt auf einem demütigen Weg auf kraftvollere
Weise vorangeschritten. Sie werden am Jüngsten
Tage in einer beseeligenden Schau auf einmal
unendlich viel mehr empfangen als das, was sie
manchmal in nicht endenwollenden grauen Tagen
ersehnt haben. Was aber diejenigen betrifft, die
diese unerwarteten Zärtlichkeiten verkosten, so
suchen sie sie nicht, und oft sind sie sogar undank-
bar, und es kommt ihnen gar nicht in den Sinn zu
danken. In der (charismatischen) Erneuerung, aber
auch schon vorher, gibt es viele, die diesen Einfluß
verspürt haben. Gott hat es eilig. Die Zeit ist kurz,

er sucht Anbeter. Daher weckt er die Schlummern-
den auf. Es sind Sprungbretter, die man verborgen
hält; Geheimnisse des Königs — Sprungbretter, um
das Kreuz zu tragen, das folgen wird.

Theresia von Lisieux, die gleichsam in den Feuerofen geworfen wurde, wußte in den Demütigungen
ruhig zu bleiben. Manchmal sah man, daß sie eine
Träne abwischte, wie eines Tages bei einer «from-
men Rekreation», die sie zusammengestellt hatte,
und die man für zu lang hielt... und abbrach. Oft
strahlte sie aber vor Freude, wenn sie erkannte, daß
sie von dieser oder jener nicht geliebt wurde.
Die kleine Mariam wurde als «plumpe Bäuerin»
angesehen, als «kleiner Putzlumpen» und als
«Schwätzerin».[109] Sie nahm es freudig an. Bernadette wurde sich schnell bewußt, daß sie die nicht
ganz uneigennützigen Erwartungen ihrer Oberen
nicht erfüllte: sie ist nichts «als das!» Sie, deren
Augen die Allerseligste Jungfrau geschaut hatten,
ist «für nichts zu gebrauchen». Der Bischof
«gewährt» ihr den Dienst des Gebetes in der Kran-
kenabteilung, während die anderen ihres Jahrgan-
ges nach auswärts gehen, um verantwortliche
Posten einzunehmen. Sie nimmt es entgegen, ohne
zu wissen, daß ihre Gebete mehr wert sind als alles
verantwortliche Tun.

Theresia von Avila sagte: «Ich habe keinen Menschen gefunden wie diesen, um mich auf meine
Fehler hinzuweisen», als man ihr auf der Straße
zugerufen hatte: «Sie sind also die Heilige, durch
die die Welt getäuscht wird!» In Sevilla wird sie

---

109 «Mariam la petite arabe», op. cit. S. 142.

immer wieder denunziert. Sie antwortet: «Gepriesen sei Gott! In dieser Gegend weiß man, wer ich bin. Anderswo täuschen sich alle, und wenigstens hier behandelt man sich so, wie ich es verdiene.»[110]

«Nicht verbittert, nicht trübsinnig, nicht unwillig oder zornig»

Es ist für uns manchmal schwieriger, mit den anderen sanftmütig zu sein als mit uns selbst. Der heilige Franz von Sales analysiert das mit treffenden Worten in köstlicher Ausdrucksweise: Ihm zufolge ist die Demut unsere Haltung gegenüber Gott, die Sanftmut aber die gegenüber den anderen und uns selbst:

«Eine der guten Übungen, die wir mit der Sanftmut machen können, besteht darin, selbst das Subjekt zu sein und uns niemals unseretwegen oder wegen unserer Unvollkommenheiten aufzuregen; denn mag auch der Verstand wollen, daß wir, wenn wir Fehler begehen, unliebenswürdig und verärgert sind, so ist es doch zumindest erforderlich, daß wir es uns nicht erlauben, eine verbitterte, trübsinnige, unwillige oder zornige Mißstimmung an den Tag zu legen. Hier begehen viele einen großen Fehler, wenn sie, nachdem sie in Zorn geraten sind, sodann darüber in Zorn geraten, weil sie in Zorn geraten sind, und trübsinnig werden, weil sie trübsinnig waren und verärgert werden, weil sie verärgert waren, denn auf diese Weise halten sie ihr Herz gleichsam ganz eingetaucht im Zorn, und wenn es

---

110 «Fioretti», op. cit.

auch scheint, als ob der zweite Zorn den ersten
zunichte macht, so bleibt doch die Tatsache bestehen, daß dieser den Weg eröffnet zu einem neuen
Zorn, sobald eine Gelegenheit sich dazu bietet;
außerdem führen diese Zornausbrüche, dieser
Unwille und diese Bitterkeit, die man gegen sich
selbst empfindet, zum Stolz und haben keinen
anderen Ursprung als die Eigenliebe, die sich
betrübt und beunruhigt, wenn wir uns als unvollkommen erkennen.

Erhebt also euer Herz, wenn es gefallen ist, in
aller Sanftmut, demütigt euch tief vor Gott, da ihr
euer Elend erkennt, und seid keinesfalls wegen
eures Falles erstaunt, denn es ist ja keineswegs
erstaunlich, daß die Gebrechlichkeit gebrechlich
ist, die Schwachheit schwach und das Elend elend.
Verabscheut indessen aus all euren Kräften die
Beleidigung, die ihr Gott angetan habt, erhebt euch
mit großem Mut und Vertrauen in seine Barmherzigkeit und strebt aufs neue nach der Tugend, die
ihr verlassen hattet.»[111]

Ja! Gott ist größer als unser Herz! (1 Joh 3,20).
Die Sanftmut ist die Zusammenfassung aller christlichen Tugenden: der Geduld, der Demut, des Wohl-
wollens, der Ehrfurcht und Freundschaft gegenüber allen Menschen und auch den Tieren. «Ein
zärtliches Mitgefühl gegenüber allem, was ist»,
schreibt ein Kartäuser. Bezüglich Mariens, der
Ikone der Sanftmut, spricht er diesen so wahren
Satz:

---

111 St. Franz von Sales, «Introduction à la vie dévote», Seuil, Kap. IX, S. 146.

«Es war nicht die Aufgabe der Allerseligsten Jungfrau, die Welt zu verurteilen, diese aber ist an ihrer Sanftmut zerschellt: so ist es auch bei einer kontemplativen Seele.»[112]

---

112 «Amour et Silence», von einem Kartäuser, Ed. du Seuil, S. 109.

XI.

Die Freude

Die Entstehung der Freude

Was ist das, die Freude? Die Erzählung von Fynn in «Anna et Mister God» spricht davon auf mitreißende Art.

Ob Anna existiert hat oder nicht, Fynn beschreibt die Situation eines unschuldigen Wesens, das sich einer erdrückenden Lage ausgeliefert sieht. Durch die Wärme einer Freundschaft wird sich das Kind auf wundervolle Weise entfalten.

Mitten in der Nacht läuft die fünfjährige Anna von zu Hause fort, da sie von ihren Eltern geschlagen wurde, die ständig betrunken sind. Sie wärmt sich über dem Luftschacht einer Bäckerei. Als Fynn sie dort findet, ist sie nichts als ein Häufchen Elend. Er aber, ein großer fröhlicher Bursche, halb Autodidakt, halb Hafenarbeiter, wird, nach seinen eigenen Worten, «bei der Geburt eines Kindes assistieren». Er ist gerade dabei, ein heißes Würstchen zu verzehren, und er gibt es dem kleinen Mädchen.

Einen Augenblick lang betrachtete sie das ange-
bissene Würstchen, dann schaute sie mir gerade ins
Gesicht und fragte: «Warum? Hast du mich lieb?»
Ich schüttelte den Kopf. «Dann rauch deinen Stum-
mel.» Und sie lächelte mir zu und stopfte den Rest
des Würstchens in ihren Mund.

Ich zog eine Zigarette heraus, zündete sie an und
hielt ihr das Streichholz hin, um es auszublasen.
Sie pustete ihre Backen auf, und ich empfing einen
regelrechten Hagel von Würstchenstückchen. Dieser kleine Unglückswurm hatte eine so heftige
Reaktion, daß mir der Atem stockte. Ein zusam-
mengekrümmter Hund, der, den Schwanz zwischen die Beine geklemmt, erwartet, geprügelt zu
werden. Niemals hatte ich ein Kind gesehen in
solch panischer Angst, solche vor Schrecken weit
aufgerissenen Augen. Sie war mit zusammengebis-
senen Zähnen darauf gefaßt, daß ich sie schlagen
würde.

Hatten meine Züge Zorn ausgedrückt, Überra-
schung oder Verwirrung? Ich weiß es nicht, aber
nun begann sie zu wimmern, es war eine Art Klage,
ein so erbärmliches Quieken, daß mir die Worte
fehlen, um es zu beschreiben. Nur einen einzigen
Eindruck habe ich davon im Herzen bewahrt, nämlich, daß mein Herz aussetzte in meinem Inneren,
ich war ganz aufgelöst. Da schlug ich mit der Faust
auf das Pflaster, was allerdings nicht geeignet war,
Anna von ihrer panischen Angst zu befreien. Hatte
ich damals die Verbindung hergestellt zwischen
dieser Vision und dem Bild, das sich mir heute vor
Augen stellt? Fassungslos vor Entsetzen angesichts

der Gewalt: der Gekreuzigte. Die herzzerreißende
Klage des Kindes war mehr als ich ertragen konnte.
Ich wollte das niemals wieder hören.

Man erträgt aber nicht lange eine solche Span-
nung in der Angst. Die Sicherungen brennen durch.
So erging es jedenfalls mir: Meine Sicherungen
brannten durch, und ich begann zu lachen, zu
lachen, bis ich bemerkte, daß auch das Kind am
Lachen war. Das verängstigte kleine Bündelchen
hatte sich aufgelöst, sie lachte wie eine Irrsinnige,
auf dem Bürgersteig kniend; ihr Kopf streifte den
meinigen — sie lachte dieses Lachen, das ich so oft
in den folgenden drei Jahren gehört habe —, es war
weder ein kristallenes Glöckchen noch ein poeti-
scher Wasserfall, sondern das wilde Freudenge-
schrei eines fünfjährigen kleinen Kindes, ein Kläf-
fen, ein Knattern, ein nicht aufhörenwollendes lau-
tes Gepuste.

Ich legte meine Hände auf ihre Schultern und
hielt sie aufrecht, und nun entdeckte ich, wer Anna
war: ein weit geöffneter Mund, riesengroße Augen
wie die eines Hundes, der läuft und ungeduldig ist
wegen seiner Leine. Jede Fiber ihres kleinen Kör-
pers vibrierte in einem klaren Ton. Von den Armen
bis zu den Beinen, vom Kopf bis zu den Füßen,
zitterte und hüpfte ihr ganzes kleines Wesen, wie es
unsere Mutter Erde tut, wenn sie einen Vulkan her-
vorbrechen läßt. Und was für ein Vulkan war am
Werk in diesem Kind!

Vor dieser Bäckerei, im Hafenviertel, in einer
nebeligen Novembernacht, assistierte ich bei etwas
ganz Ungewöhnlichem: der Geburt eines Kindes.

Als das Lachen sich ein wenig beruhigt hatte — ihr Körper aber vibrierte noch wie eine Geigensaite — versuchte sie mir etwas zu sagen, es wollte aber nicht herauskommen:

«…Du… Du… Du…»

Endlich, nach einer großen Anstrengung, fuhr sie fort: «Du liebst mich, nicht wahr?»

Mag es auch vielleicht nicht wahr gewesen sein, ich hätte es nicht übers Herz gebracht, nein zu sagen. Wahr oder falsch, zutreffend oder nicht, es gab nur eine einzige Antwort: «Ja».

Glucksend kicherte sie, und dann sagte sie, indem sie dabei mit dem Finger auf mich zeigte: «Du liebst mich.» Und sie begann, um die Laterne herumzukreisen, indem sie halblaut vor sich hinsang: «Du liebst mich, du liebst mich, du liebst mich!»[113]

Anna sehnte sich nach der Liebe, wie jedes Wesen, das nach dem Bilde Gottes geschaffen ist. Wohl ist der Mensch in seinen festgesetzten Grenzen eingeschlossen, aber seine Sehnsucht ist es nicht. Sie kann maßlos, grenzenlos sein. Die heilige Gertrud sagt uns, daß die Gottesliebe sehr sensibel ist.

Annas Zärtlichkeit während der drei Jahre, die sie noch zu leben hatte vor dem tödlichen Unfall, führt Fynn in eine unbekannte Welt. Mit ihren fünf Jahren hat sie einen wahren Heißhunger nach Erkenntnis, nach Entdeckungen, eine Begabung, ein Feingefühl und eine Fröhlichkeit, die nicht zu erklären sind... Die Freude stammt nämlich aus

---

113 Fynn, «Anna et Mister God», Seuil, S. 18-19.

der Gottesliebe. Sie ist eine Frucht des Heiligen Geistes. Eine köstliche, unverwesliche Frucht, die für die Ewigkeit bestimmt ist. Eine solche ununterbrochene Freude ist allerdings fast undenkbar geworden in einer Welt, in der die Liebe dahinschwindet, wo alles in Richtung auf eine weltweite Selbstzerstörung hin organisiert ist. Der Fürst dieser Welt, auf den Jesus hingewiesen hat, führt seinen makabren Tanz auf, indem er sich in einen Sohn des Lichtes verkleidet und falsche Freuden vortäuscht. Wegen des Fehlens echter Liebe ist der Mensch «zerbrechlich» geworden. Er steigt nicht hinab in die innere Burg, in der die Heiligste Dreifaltigkeit lebt.

«Zahlreich», schreibt die heilige Theresia von Avila, «sind die Seelen, die sich im äußeren Wall der Burg befinden, dort, wo die Wächter sich aufhalten; es kommt ihnen nicht in den Sinn, einzutreten oder erfahren zu wollen, was sich in diesem so reichen Palast befindet, oder wer es ist, der darin wohnt...»[114]

Der Mensch bleibt im unmittelbar Greifbaren stecken. Ach! Wenn er doch ein wenig von der göttlichen und anbetungswürdigen Transzendenz Gottes erkennen könnte und emporgehoben würde wie Anna, das verlorene Kind! Er würde aufhören, sich in diesen oberflächlichen Verunstaltungen von Freuden herumzuwälzen, die doch nicht sättigen, so sehr ist das Menschenherz — jedes Menschenherz — geschaffen nach dem Bilde der wesenhaften Freude, in einem ganz von ihm Besitz ergreifenden,

---

114 «Le château intérieur» op. cit. Kap. I, S. 818.

sehnenden Verlangen. Der Geist der Welt ist der
Geist der Traurigkeit, er erzeugt den Tod unter vie-
lerlei Gestalten. Der Herr hatte im Tempel ausgerufen: «Wen soll ich schicken?», und spontan hatte
der Prophet geantwortet: «Schicke mich!» (Is 6,18).
Das ist unsere Antwort angesichts dieser verwundeten Welt.

Dreißig Jahre Zuchthaus

Eines Tages, beim Empfang der Pilger — unserer
«Herren»[115] — kam zu uns ein Mann mit pocken-
narbigem Gesicht, schwankend vor Müdigkeit und
Erschöpfung. Er rief: «Ach! Wenn es jemanden
gäbe, der mich liebt! Gott, wenn er existiert, ganz
egal wer, dann wäre ich glücklich!» Mit keuchender
Stimme wollte er sein Leben erzählen. «Ich will
Ihnen alles erzählen!» — «Sagen Sie nichts! Wenn
Sie auch alle Verbrechen begangen hätten, so sind
Sie doch Gottes geliebtes Kind!» Am Abend mußte
man ihn in die Klinik bringen und ihn wieder
zurückholen in der Nacht. Warum? Man erfuhr es
am nächsten Tag, daß er bei der Rückkehr im Auto
zu dem Bruder gesagt hatte: «Ich habe dreißig
Jahre Zuchthaus hinter mir...» Die Freude, die in
ihm gefangen gewesen war, wollte jetzt erblühen,
und er hatte Angst gehabt, aufs neue reglementiert
zu werden. Ein Beispiel unter Tausenden, von diesen Armen, die genau so wie jedes andere Wesen
nach der vollkommenen Freude verlangen, und die

---

115 «Livre de Vie» de la Communauté du Lion de Juda et de l'agneau immolé,
      op. cit.

von Gott geliebt sind. Wenn er auch die Sünde haßt,
so liebt er doch den Sünder ohne Maß. Maurice
Zundel schrieb auf Drängen seiner Freunde die
«Hymne an die Freude». Ohne diese Aufforderung
hätte er es nicht vermocht, so verwundet erschien
ihm die Welt. Im Vorwort gesteht er: «So lange man
einverstanden ist zu leben, ist es vielleicht erlaubt
zu glauben, daß nicht alle Hoffnung verloren ist,
auch nicht für den, der sich völlig am Ende seiner
Widerstandskraft befindet. Simone Weil weist darauf hin, daß es keinen Gegensatz gibt zwischen
dem Schmerz und der Freude und daß beide normalerweise zusammen existieren können.»[116]

In seinem letzten Kapitel «Die österliche Freude»
kann er nicht umhin, nochmals darauf zurückzukommen, wie so viele Leben ohne die Liebe ent-
stellt worden sind. Nicht spontan erblüht die
Freude, sie ist selten. Man kann sie nicht erringen
und nicht kaufen, sie wird vielmehr empfangen als
eine Gnade.

«Er wird für dich tanzen»

In Israel hat die Freude immer eine religiöse
Bedeutung gehabt. Mit großer Heftigkeit verbieten
die Propheten die unzüchtigen Kulthandlungen des
sie umgebenden Heidentums. Rein sollte die
Freude sein, und immer neu erblühen während der
großen Feste, bei denen das Volk sich versammelt,
wie das Neujahrsfest, Roch Ha Shana, das große
Verzeihen Yom Kippour, das Laubhüttenfest Souc-

---

116 Maurice Zundel, «Hymne à la joie», Ed. Ouvrières, Paris, 1965, Vorwort.

cot, das Fest der Tempelweihe, das den Namen
trägt: Fest der Lichter, Hanouka; das Pourimfest
zur Erinnerung an das Exil in Babylon und, und
Ostern, Pessah.

Die Sendung Israels ist die, den Messias aufzunehmen, der die Quelle der Freude ist. Der Prophet
Sophonias spricht davon in herzbewegenden Worten. Wer ist es, der vor Freude am meisten tanzt?
Der Mensch? Der Allerhöchste ist es, der Herr, der
vor Freude für uns tanzt:

«Er freut sich über dich voller Freude, er schafft
dich neu in seiner Liebe, er springt auf deinetwegen
in Jauchzen wie an den Tagen der Feste» (Zef 3,17).

Jesus, unsere Freude

Der Erzengel Gabriel verkündet Maria: «Freue
dich!» Am Weihnachtstag beleben Myriaden von
Engeln den Himmel, der von der Freude und den
Gesängen ganz leuchtend ist. Einer von ihnen sagt
zu den Hirten: «Ich verkündige euch eine große
Freude» (Luk 2,10). Johannes der Täufer hüpfte auf
im Schoße seiner Mutter, und später sagte er vom
Messias: «Der Freund des Bräutigams, der dabei-
steht und ihn hört, freut sich herzlich über die
Stimme des Bräutigams. Dies ist meine Freude,
und jetzt ist sie vollkommen» (Joh 3,29). Die Sendung des Vorläufers ist beendet; er konnte seinen
Jüngern das Lamm Gottes bezeichnen; jetzt bleibt
ihm nur noch die Hingabe seines Lebens im Blute
des Martyriums: «Er muß wachsen, ich aber muß
abnehmen» (Joh 3,30). Seine Freude ist vollkom-

men. Ein Eigenschaftwort, von Jesus gebraucht in seinen letzten Gesprächen, ehe er die Passion erlitt:

«Ich sage euch dies, damit meine Freude in euch sei, damit eure Freude vollkommen sei» (Joh 15,11).

«Bittet und ihr werdet empfangen, und eure Freude wird vollkommen sein» (Joh 16,24). «Ich sage dies, damit sie meine Freude in sich haben in ihrer Fülle» (Joh 17,13).

Auch jenseits der Passion finden sich die gleichen Aussagen:

«Ich werde euch wiedersehen, und eure Freude wird vollkommen sein.» «Ich werde euch wiedersehen, euer Herz wird sich freuen, und niemand wird euch eure Freude fortnehmen können» (Joh 16,22).

Jesus ist zum einzigen Quell der Freude geworden für die Apostel und für die Armen und Kleinen, und er selbst ist es, der vor Freude erbebt, als der Vater seine Geheimnisse den Demütigen offenbart (s. Luk 10, 21-23).

Die Stunde der Kelter

Diese Freude, bei der Quelle des Glückes zu sein, geht durch die Passion hindurch. Letztere sucht jedem heim, sobald Jesus fortzugehen scheint. Das ist dann der Skandal, das Drama des Kreuzes, der anscheinende Mißerfolg; aber nach dieser Stunde der Kelter wird eine reinere Freude in den Herzen wohnen. Sie wird in einem festeren Glauben verwurzelt sein, wenn nach der Himmelfahrt der

Gegenstand der Freude sich unsichtbar macht, wenn er auch immer gegenwärtig ist. «Ich bin bei euch alle Tage bis ans Ende der Welt» (Mt 28,20). Dann wird das kleine Häuflein von Christen sich im Abendmahlssaal um Maria scharen und den Tröster erwarten, diesen «anderen Beistand» (Joh 14,16)

Die ersten Christengemeinden sind so von Liebe und ansteckender Freude erfüllt, daß viele sich bekehren, um mit ihnen zu leben. Die Apostelgeschichte beschreibt sie als eifrig im Gebet und in der Lehre, treu, in Freude und Herzenseinfalt ihre Speise zu sich nehmend (Apg 2,46), in der Eucharistie vereint.

Jesus, der Gekreuzigte, ist für den heiligen Paulus sein Stolz und seine Freude. Nachdem er in Damaskus zu Boden geschleudert worden war, hatte er alles begriffen von dieser paradoxen Verbindung: Passion und Auferstehung. Wenn Jesus nicht auferstanden ist, dann ist unser Glaube, wie auch unsere Freude vergeblich. Inmitten der Prüfungen aber weiß er, daß das dauerhafte Verbleiben in der Freude seinen Ursprung hat in der Betrachtung seines gekreuzigten Herrn, dessen Stigmata er in seinem eigenen Fleische trägt.

Angela von Foligno, die die spürbare Süßigkeit gekannt hatte, machte auch noch die Erfahrung einer anderen, vorher nicht gekannten Freude, die vom Kreuze kam.

«Eines Tages betrachtete ich das Kreuz, und auf ihm den Gekreuzigten. Mit den Augen des Leibes sah ich ihn. Plötzlich wurde meine Seele von einer

solchen Glut entzündet, daß all meine Glieder von
Freude und Wonne gänzlich durchdrungen wurden. Ich sah es, und ich spürte es, wie Christus
meine Seele umarmte mit diesem Arm, der gekreuzigt war, und ich war erstaunt über meine Freude,
denn sie entsprach nicht der sonst üblichen; und in
diesem Ausmaß, das sie erreichte, kannte ich sie
noch nicht. Seit diesem Augenblick verbleibt eine
Freude in mir und ein erhabenes Licht, in welchem
meine Seele das Geheimnis unseres Fleisches sieht
in der Vereinigung mit Gott. Diese Freude und
Wonne der Seele ist unbeschreiblich, diese Freude
ist ununterbrochen, diese Erleuchtung ist strahlend und jenseits von allem, was mich sonst
erleuchtet. Von diesem Augenblick an ist mir eine
solche Sicherheit verblieben, eine solche vertrau-
ensvolle Geborgenheit, was das göttliche Wirken in
mir betrifft, daß ich ganz erstaunt bin, früher Zweifel gekannt zu haben...»[117]

Wenn die Freude als eine Gnade empfangen wird,
so fällt die entscheidende Rolle doch dem Willen zu
lieben zu, worauf Theresia von Avila des öfteren
hinweist. Johannes vom Kreuz stimmt hierin mit ihr
überein und spricht von der Entsagung:

«Der Wille darf sich nicht erfreuen als nur über
das, was die Ehre und die Herrlichkeit Gottes
betrifft; die größte Ehre aber, die wir Ihm erweisen
können, besteht darin, Ihm zu dienen, nach den
Regeln der dem Evangelium entsprechenden Vollkommenheit.»[118]

---

117 A. von Foligno, «Introductions et révélations», Tralin, S. 145.
118 «La montée du Carmel», op. cit. Buch III, Kap. XVI, S. 359.

Die reine Freude

Man kann viele Charismen empfangen haben, bis hin zum Wunderwirken —, darin besteht die wahre Freude nicht. Die Freude, das ist, wenn der eigene Name im Schoße des Vaters eingeschrieben ist.

Der große Lehrer des Karmel sagt: «Man muß sein Herz und ebenso seinen Willen von allem losreißen, was nicht Gott ist, um beides nur auf Ihn zu beziehen.» Dann wird «die Seele sich zu einer reineren Freude erheben, die von Gott in sie eingegossen wird» (...) «Gleichzeitig vermehrt er in ihr die beiden anderen göttlichen Tugenden: die Hoffnung und die Liebe. Sie erfreut sich dann erhabener göttlicher Erkenntnisse, mittels dieser verborgenen Gewohnheit des reinen Glaubens.»[119]

Er sagt auch, daß diejenigen, die ihre Freude in fühlbare Gnaden setzen, großen Schaden erleiden werden, «wenn sie das Wasser der Gnade allein für sich selbst bewahren, ehe es zum Geiste gelangen konnte, der danach in der Trockenheit und im Leeren verbleibt». Nur mit Mühe findet man eine Seele, die diesen Verlust nicht erleidet, sobald sie diese Arten von «gefühlten» Gnaden verspürt.[120]

Ebenso drückt sich der heilige Johannes Klimakus aus:

«Am Anfang unserer Entsagung müssen wir natürlich große Mühe und Pein auf uns nehmen, um die Tugenden auszuüben. Wenn wir jedoch einige Fortschritte gemacht haben, dann empfinden wir keine Mühe mehr, oder nur noch sehr

---

119 ibid.
120 ibid.

wenig. Und wenn unser irdisches Sinnen und Trachten durch unseren Eifer verzehrt und unter Kontrolle gebracht worden ist, dann üben wir sie mit großer Freude aus, mit Eifer, mit Liebe und mit göttlicher Glut.

Wenn ich die Natur der Zerknirschung betrachte, dann bin ich von Staunen gepackt: Wie ist es möglich, daß das, was man Schmerz und Traurigkeit nennt, in deren Innerem verborgen, so viel Freude und Jubel enthalten kann, wie das Wachs, das den Honig umschließt? Dieses Beispiel muß auf ganz besondere Weise als eine Gabe des Herrn betrachtet werden. Dann gibt es in der Seele keine Freude ohne wahre Freude mehr, Gott aber tröstet auf verborgene Weise das zerbrochene Herz.»[121]

Freude und Bekehrung

Je mehr man sich bekehrt, desto mehr ist man von Freude erfüllt: Man hat «von sich selbst ein Wissen, das gedemütigt ist, und von Gott ein Wissen, das glückselig ist».[122] Die Seele verlangt danach, den Saum des Gewandes des Vielgeliebten zu berühren. Sie spürt diese Gegenwart, sie schreitet von Sehnsucht zu Sehnsucht bis hin zur ewigen Schau.

Der heilige Franz von Sales warnt vor der «Traurigkeit der Welt, dem Fieber des eigenen Willens». Die liebende Seele ist mit allem zufrieden, wenn nur Gott gedient wird «das ist genug, um in Freude

---

121 St. Johannes Klimakus, «L'échelle sainte», op. cit. S. 38.
122 St. Bernhard, «Sur le Cantique des Cantiques».

zu leben».[123] Der heilige Augustinus fordert dazu
auf, zu singen und in jauchzender Freude einherzu-
gehen, zu singen wie ein Mensch, dem Trost zuteil
geworden ist. Im übrigen entsteht «die Freude aus
der Wahrheit». Er selbst kann das bestätigen, denn
er hatte in so vielen Irrtümern gelebt.[124]

Gebet, Zerknirschung, glühende Tränen und Tränen der Reue, Entsagung, die Suche nach der wahren Erkenntnis seiner selbst, die Wahrheit, das sind
einige Wegmarken, um die freudvolle Frucht des
Heiligen Geistes zu empfangen. Wenn die Orthodoxen von den Tränen der Reue und der Sehnsucht
sprechen, dann nennen sie sie «die schmerzerfüllte
Freude», wir haben es weiter oben gesehen.

Der Becher der Freude ist durch das Feuer gegangen

In seinem Buch «Le Prophète» spricht Khalil
Gibran auch von den beiden Aspekten der
«schmerzerfüllten Freude»:

«Und der gleiche Brunnen, aus dem euer Lachen
entspringt, war oft mit euren Tränen gefüllt.

Wie könnte es auch anders sein?

Je tiefer der Schmerz in euer ganzes Wesen eindringen wird, um so mehr Freude könnt ihr aufnehmen.

Ist der Becher, der euren Wein enthält, nicht der
gleiche, der im Ofen des Töpfers gebrannt worden
war?

---

123 St. Franz von Sales, «Lettres».
124 St. Augustinus, «Bekenntnisse».

Und ist die Laute, deren Ton zärtlich eure Seele berührt, nicht aus dem gleichen Holz, aus dem das Messer angefertigt ward?

Wenn ihr freudevoll seid, dann schaut in die Tiefe eures Herzens, und ihr werdet erkennen, daß das, was euch Freude schenkt, nichts anderes ist als das, was eure Traurigkeit verursacht hat.

Wenn ihr traurig seid, dann schaut aufs neue in euer Herz, und ihr werdet sehen, daß ihr in Wirklichkeit über das weint, was eure Freude gewesen war.»[125]

Papst Paul VI. schrieb anläßlich des Heiligen Jahres 1975 in seinem apostolischen Rundschreiben über die Freude:

«Die bescheidenen menschlichen Freuden, die in unserem Leben gleichsam die Samenkörner einer höheren Wirklichkeit sind, sie sind verklärt. Die geistliche Freude hienieden enthält immer in gewisser Weise etwas wie die schmerzvolle Stunde einer Frau, die in Wehen liegt, sowie ein scheinbares gewisses Verlassen-Sein, gleich dem des Waisenkindes: Weinen und Klagen, während die Welt eine ungute Zufriedenheit zur Schau stellt. Die Traurigkeit der Jünger aber, die Gott wohlgefällig und nicht von der Welt ist, wird schnell in eine geistliche Freude umgewandelt, die niemand euch entreißen kann.»

Es ist bekannt, daß Gott flüchtige Berührungen der Freude sogar in den Anfängen des Gebetslebens gewährt. Sie werden sich zurückziehen und dann wiederkommen. Diese Tröstungen sind Gnade und

---

125 Khalil Gibran, «Le prophète», Casterman, S. 30.

manchmal auch eine Klippe, wenn man sie für sich selbst sucht, statt nach Gott allein zu verlangen.

«Die Heiligen leiden vor Freude»

Theresia von Lisieux, die große Theologin unserer Zeit, teilt uns ihr Geheimnis mit, das Geheimnis der Kleinen. Pater Molinié wiederholt uns ihre Botschaft, den Mut zu haben, klein zu erscheinen, Angst zu haben, unseren Panzer von uns zu werfen, wahr zu sein. Dann werden wir uns in einem solchen Kontext von Transparenz befinden, daß es gut sein wird, zusammen mit Brüdern und Schwestern zu leben und «Sakrament» für die anderen zu sein. Ohne Zweifel werden wir in geistlicher Hinsicht durch Zeiträume schreiten, die wir manchmal nicht verstehen können; dies sind die «Nächte»:

«Es ist gleichzeitig der Tabor und der Kalvarienberg. Die Heiligen leiden um so mehr, je glücklicher sie sind, man kann sagen, daß sie durch die Freude gekreuzigt sind und vor Freude sterben…

Ein solcher Tod ist manchmal schreckenerregend: Man hat den Eindruck, daß das Leiden alles überflutet. Der Frieden Gottes übersteigt nämlich jedes menschliche Gefühl; daher braucht man nicht erstaunt zu sein, daß er nicht wahrnehmbar ist, und je reiner er ist, desto weniger wird er wahrgenommen…»

Damit erklärt sich, warum manche sehr einfache Menschen von Gott ganz durchdrungen sind, ohne sich dessen bewußt zu sein. Ruhig führen sie ihr Leben im Dienste der anderen, immer im Frieden, immer in der Freude. Man stellt sie als Beispiel hin, indem man sagt: «Ihr seht ja, es ist gar nicht nötig, ein Mystiker zu sein, um ein Heiliger zu sein!» Aber gerade sie sind es, welche Mystiker sind. Man weiß es nicht, und sie wissen es selbst nicht, weil sie nichts anderes sind als das. Um sich darüber klar zu werden, daß man ein Mystiker ist, braucht es eine Kultur und ein mehr oder weniger charismatisches Licht.

Das Verkosten Gottes ist ebenso unvorstellbar wie Gott selbst. Was die Heiligen verkosten, kann also nicht gedacht werden und ist jenseits allen Verkostens. Man kann es Freude nennen, wenn man will, man könnte es aber auch ebenso gut als Nicht-Freude bezeichnen. Angela von Foligno sagt z.B.: «Ich bin in Gott hineingeführt worden, ich bin zur Nicht-Liebe gemacht worden, da ich die Liebe verloren hatte, die ich bis dahin mit mir einhertrug.»

Anders ausgedrückt, die Gegenwart Gottes für sich allein betrachtet läßt sich mit keinem Namen benennen: Sie versetzt uns in den Zustand des Friedens, ohne daß man sich dessen bewußt wird. Um zu sagen: «Ich habe die Freude im Innersten meiner Seele», ist es erforderlich, daß die Freude in den niedrigeren (Seelen-)Kräften ein wenig spürbar wird. Würde sie nicht zu spüren sein, dann würdet ihr sie besitzen, ohne es zu wissen. Es handelt sich dabei um das, was man die nicht verspürte Freude nennt: Sie ist so tief, daß sie eins ist mit dem Schweigen.

Die Heiligen leiden vor Freude: Die Freude verursacht ihnen Schmerz, weil sie eingeschlossen, gefangen ist. Es sind Ströme der Liebe der Dreifaltigkeit; sie wollen sich ausgießen und sie werden zurückgehalten, unterdrückt durch die Sünde der Welt und des Einzelnen.

Das alles können wir in keiner Weise verstehen. Wenn man den Mut und die Hochherzigkeit Theresias vom Kinde Jesu lobte, dann antwortete sie ganz einfach: «Das ist es nicht...»

Nein, es ist nicht eine Frage des Mutes, der Kraft und der Großmut. Im Gegenteil, die Großmut tritt auf den Plan, wenn alles gut geht, wenn Gott sich uns nähert: man sagt ja oder nein. Geschick wird sich nicht im Angesicht des Kreuzes vollziehen, denn wenn wir am Mysterium des Kreuzes angelangt sind, wird es sich schon vollzogen haben. Unser Geschick wird sich im Mysterium Gottes vollziehen: Werden wir die Tür öffnen für seine Liebe, ja oder nein? Gott hat so zahlreiche Beweise seiner Barmherzigkeit gegeben, daß wir von unserer Schwachheit nichts mehr zu fürchten haben —, und alles von unserer Herzenshärte. Wir fragen uns: Wie machen es die Heiligen, so vieles zu ertragen? Sie ertragen nicht. Das, was wir «ertragen» nennen, ist eine Reaktion gegen das Leiden, die Weigerung, es von Herzen anzunehmen, weil es alles zerreißen und uns sterben lassen wird. Das Leiden ertragen, das heißt: gegen diese Zerreißung anzukämpfen... Das Geheimnis der Heiligen besteht gerade darin, nicht zu kämpfen, sondern entgegenzunehmen, ohne sich zu wehren und sich zerreißen zu lassen.

Jemand sagte betreffs eines physischen Leidens
zu mir: «Es ist in nichts mit einem bekannten Leiden zu vergleichen. Bei den schrecklichsten Leiden
können Sie noch ein Mensch sein, aber hiermit
kann man nicht mehr ein Mensch sein.» Im Grunde
ist das, was man mit Ertragen des Leidens bezeichnet, der Versuch, unter seinen Schlägen ein Mensch
zu bleiben. Es ist gerade das, was die Heiligen und
Christus nicht zu tun versucht haben: Sie hatten es
nicht nötig zu versuchen, Menschen zu bleiben, sie
hatten nichts zu fürchten; sie konnten alles loslas-
sen, weil sie die Salbung des Heiligen Geistes besa-
ßen. Je weniger man kämpft, um so mehr durchdringt uns diese Salbung und um so dauerhafter ist
sie.»[126]

Angezogen von der Freude des Himmels, der herniedersteigt

Wehrlos zu sein, uns so betrachten zu lassen, wie
wir sind mit all unseren Schwächen; zu wissen, daß
auch die Brüder sie haben, und nicht die Verhärte-
ten spielen, welcher Friede ist das, und welche
Freude geht daraus hervor! Freude, die niemand
näher bezeichnen kann. Sie hat die ihr eigenen Stufen und Varianten; sie ist demütig und tritt nach
außen wenig in Erscheinung, sie ist manchmal
unter einem tiefen Schweigen gleichsam begraben,
aber wer kann sie verbergen, wenn er sie besitzt?
Für andere zeigt sie sich lachend und überströ-
mend. Jeder kennt diese Ausdrucksformen, die mit

---

126   «Le courage d'avoir peur», op. cit. S. 212-213.

unseren inneren Jahreszeiten in Beziehung stehen. Im Himmel wird die «schmerzerfüllte Freude» zweifellos ihre Stigmata bewahren, ebenso wie Christus, aber sie werden leuchtend sein und die Erinnerung an ein verborgenes Martyrium verkünden. Diese Freude der Wiederkunft des Herrn auf den Wolken des Himmels erwarten wir. Der Vielgeliebte unserer Seelen, «Yedid Nefesh», er naht sich springend über die armen kleinen Hügel der Welt: Kol Dodi... Diese Stimme des Bräutigams ist die Ursache unserer tiefen Freude. An jedem Sabbat, von Woche zu Woche, werden wir angezogen von der Freude des Himmels, der herniedersteigt, ganz und gar zu uns, mit Christus, umgeben von so vielen Engeln und Heiligen. Wie sollten wir nicht wach geworden und wachsam sein, wenn dieses jede Woche wiederkehrende Fest uns aufrüttelt und stärkt?

In seinem Buche «Wenn ich dich vergesse, Jerusalem» läßt der Diakon Etienne Dahler diese glühende Erwartung aufleben:

«Deine Klagemauer wird sich in eine Freudenmauer verwandeln, und ihre so oft im Schmerz umarmten Steine werden sich mit den Küssen des göttlichen Bräutigams bedecken. Die jungen Mädchen werden dort tanzen vor Freude, und die jungen Männer werden in ihren Händen das Buch des Lebens tragen, das der Löwe aus dem Stamme Juda, Davids Sproß, geöffnet haben wird. Auf der Stirne der Greise wird der Name des Herrn auf den Teffilim leuchten; und ohne Ende werden die Lieder des Sabbats der Sabbate ertönen...»

Als der Prophet Zacharias den «Tag des Herrn, den Tag seiner glorreichen Ankunft» beschrieb, sagte er uns: «Jerusalem wird erhoben werden und an seinem Platze verbleiben» (Sach 14,10).

Und nun berichtet uns der heilige Johannes in seiner Apokalypse: «Die heilige Stadt, das Neue Jerusalem, das von Gott her vom Himmel herniederstieg» (Apk 21,18).

Dem Anschein widersprüchlich, ergänzen sich doch diese beiden Aussagen auf wundervolle Weise: Das irdische Jerusalem erhebt sich, ganz nach dem Himmel hin ausgerichtet: und das Neue Jerusalem kommt zu seiner Begegnung herab, um sich mit ihm zu vereinigen, so daß beide nur noch ein einziges bilden, und so erklärt sich das Wort des Zacharias. Diese beiden Bewegungen sind für jeden Diener Gottes von äußerster Wichtigkeit. Die erste enthält den tiefen Sinn unseres Lebens: Wir steigen hinauf nach Jerusalem, unserer Stadt im Himmel (Ph 3,20), wir werden angetrieben von unserer Sehnsucht nach dem Gottesreich, denn wir wissen, daß sein Reich nicht von dieser Welt ist, daher «vergessen wir, was hinter uns liegt, und strecken uns aus nach dem, was vor uns liegt, dem Ziele jagen wir nach, dem Siegespreis der himmlischen Berufung Gottes in Christus Jesus» (Ph 3,13).

Diese aktive Erwartung der Ankunft des Himmelreiches ist die wesentliche Quelle der Dynamik der Kirche. Sie verwirklicht sich im Apostolat und in der Liturgie, die uns teilnehmen läßt «durch einen Vorgeschmack an dieser himmlischen Liturgie, die in der heiligen Stadt Jerusalem gefeiert wird, zu der wir als Pilger sehnsuchtsvoll auf dem Wege sind.»[127]

Die auf den Mauern der Stadt aufgestellten Wächter werden nicht schweigen, bis das Morgenrot kommt.

Unser ganzes Sein, das von der Vollkommenheit der zukünftigen Welt fasziniert ist, muß sich aufmachen zu einem glühenden und unaufhörlichen Gebet, das von der Realität des Gottesreiches und seiner unmittelbar bevorstehenden Ankunft kündet.

Die Kirche selbst «sehnt sich nach der Fülle dieses Gottesreiches, sie hofft mit all ihren Kräften und ruft sehnsüchtig nach der Stunde, da sie in der Herrlichkeit mit ihrem König vereinigt sein wird.»[128]

Das himmlische Jerusalem kommt uns entgegen, und jeder Tag nähert uns diesem glückseligen Augenblick, da die Schritte der Menschheit vor seinen Toren stehen bleiben. Die lange Pilgerschaft der Geschichte wird vollendet sein.

In den Mauern der himmlischen Stadt versammelt, wird es nur noch ein einziges Volk geben im Lobe von Gottes Herrlichkeit.

Die Ankunft des Heiligen Geistes schon hier und heute schmückt uns mit den Erstlingen dieses Tages. Bereits am Pfingstfest sangen die Apostel die Großtaten Gottes in allen Sprachen, einschließlich der der Engel, und sie verkündeten die Vernichtung Babylons und all seiner Zwietracht. In diesen

---

127 Vatikan II, «Konstitution über die Heilige Liturgie», 8.
128 Vatikan II, «Lumen Gentium», 5.

Zeiten, die die letzten sind, wird schon das Feuer des Heiligen Geistes die Herzen verzehren, und es wird Bekehrungen und Heilungen bewirken. Und die Jungfrau Maria hört nicht auf, sich der Welt mitzuteilen, um sie bereit zu machen, ihren Sohn aufzunehmen. Seit einem Jahrhundert ruft sie zur Buße auf und zeigt sich als Apostel der Barmherzigkeit.

Schon sind die Felder weiß zur Ernte (Joh 4,35), ein neues Pfingsten naht. Das Herniedersteigen des himmlischen Jerusalem weist darauf hin, daß das Himmelreich sich nicht von der Geschichte der Menschheit zurückgezogen hat, um die Erde ihrem Schicksal zu überlassen. Es bereitet seine Ankunft in der Herrlichkeit vor.

XII.

Die Geduld, Spiegel der Liebe

Minute für Minute...

Als Theresia von Avila von der Demut spricht, sagt sie von ihr, daß sie unerläßlich ist auf dem Wege des Gebetes. Was ist nun von der Geduld zu sagen? Sie hat überall ihren Platz, besonders am Anfang. Ohne sie wird die Seele entmutigt; die Aufgabe ist zu unermeßlich groß, die Kräfte sind zerstreut, man muß überall hin laufen, um sie zu sammeln und sie sanft festzuhalten vor dem Königsthron. Klein ist die Geduld dem Anschein nach; sie überspringt nicht die Tage; eine Minute ist für sie genug, sie lebt in der Gegenwart, so drükkend ist ihre Beschwer. Mit Christus aber wird dieses Joch nach und nach leicht, doch wieviel Tränen kostet es, um durchzuhalten! «Ich will für dich spielen, so lange ich da bin» (Ps 103,33), singen wir im Vesper-Offizium. Ausharren im Gebet, ausharren im Christus geweihten Leben —, jeder weiß, welches Gewicht in diesen Worten liegt.

Die Geduld widersteht den Zerstreuungen, den tausend Illusionen.

Don Vital Lehodey schreibt sehr zutreffend in einem alten Buch: «L'oraison mentale», das von Papst Pius X. prämiiert wurde, folgende Zeilen über den Kampf, den die geduldige Seele gegen die Listen des Bösen zu führen hat:

«Er läßt uns mit unserem Fasten beschäftigt sein, mit unseren Abtötungen, mit allem, was dem Stolze schmeicheln kann; er kann das Gebet nicht ertragen, da in ihm die Seele Gott die Ehre gibt, sich demütigt und sich umwandelt. Er versucht, unser Denken und unsere Hinneigung anderswohin zu führen, uns durch tausend nichtige Erinnerungen zu ermüden und uns durch gefährliche und schlechte Vorstellungen und durch widerwärtige Versuchungen zu bedrängen; er verwirrt uns und regt uns auf, und dann will er uns vormachen, daß wir beim Gebet nur unsere Zeit verlieren, daß wir Gott beleidigen und daß es besser wäre, es zu unterlassen, als es so schlecht zu tun. Aufgeben aber würde bedeuten, geradeswegs in die Falle zu geraten, und wenn der Kanal der Gnaden durchgetrennt ist, dann würde unsere Seele notgedrungen austrocknen und sterben.»[129]

Diese immer wiederholten und geduldigen Kämpfe während des Gebetes dauern das ganze Leben hindurch. Angela von Foligno wurde von einem Laster angegriffen, das ihr immer fremd war, «das furchtbarer war als alle anderen, so entsetzlich, daß die Scham mich daran hindert, es beim

---

129 Don Vital Lehodey, «L'oraison mentale», Lecoffre, 1908, S. 63.

Namen zu nennen. Es wurde mir jedoch kund, daß Gott dem Teufel erlaubt, mich durch dieses Laster in Versuchung zu führen; aber ich verspüre in mir eine Kraft, um zu widerstehen, die mir ganz offenkundig von Gott gesandt wird.»[130] Diese göttliche Kraft offenbart ihr die Güte ihres Herrn und läßt ihr Vertrauen wachsen, ungeachtet «des heftigen Hingezogen-Seins», das zwei Jahre lang anhielt.

Die Geduld Gottes

«Gott hat es nicht eilig», sagte eines Tages ein Priester. Ja und nein. Gott verlangt nach uns, aber er respektiert unsere Freiheit. Wer sich im Augenblick weigert, sich zu bekehren, wird deshalb nicht verstoßen. Gott in seinem zuwartenden Willen läßt ihn in seiner Blindheit, aber er wartet auf einen ganz kleinen Schritt, eine ganz schwache, aber authentische Sehnsucht. Dann ergreift er uns, «drückt uns gegen seine Wange» und führt uns in seiner Freude in die Weite. Die Zeit der Geduld gehört Gott und ebenso die Zeit des Verzeihens. Er gibt uns aber dieses zweifache Verlangen ein, da er um unsere Schwachheit weiß. «Wie ein Wassertropfen, wie ein Sandkorn, so wenig bedeuten die Jahre, diese wenigen Jahre in der Ewigkeit, darum ist der Herr langmütig mit ihnen und gießt über sie sein Erbarmen aus» (Sir 18, 10-11).

«Die Verzögerungen in der Vereinigung sind keine verlorene Zeit, wenn sie auch lange währen. Gott geht sehr weit. Auf wunderbare Weise verwen-

---

130 Frère Arnaux, «Vie d'Angèle de Foligno», Tubaud-Landriot, 1984.

det der Herr für seine Ziele das, was wir das Böse nennen, die Verirrungen, das Stillstehen und die Umwege, ohne das alles indessen zu lieben oder zu wollen. Es braucht Vertrauen und Ausdauer, besonders in solchen Stunden.»[131]

Gott gerät nicht leicht in Zorn. Wir sind es, denen es fehlt an Geduld.

«Es gibt Menschen», schreibt Johannes vom Kreuz, «die angesichts ihrer Unvollkommenheiten ungeduldig werden und gegen sich selbst in Zorn geraten. Sie ermangeln so sehr der Geduld, daß sie an einem einzigen Tag heilig werden wollen.»

Gott urteilt nicht vorschnell. Die göttliche Liebe erwartet uns in ihrer göttlichen Eifersucht. «Der Menschensohn weiß, was im Inneren des Menschen ist» (Joh 2,25), sagte Jesus, als er auf das Hervorquellen schlechter Wünsche zu sprechen kam, die ebenso vielfältig wie schadenbringend sind. Ich liebe es jedoch, daran zu glauben, daß er mehr als alles andere jene Zone unberührter Unschuld betrachtet, die das wahre unbekannte Antlitz eines jeden ist, also auch des unsrigen, dieses andere Antlitz, das umgewandelt werden will, von reiner Liebe umfangen im tiefsten Inneren jenes Wesens, das dabei ist, herangebildet zu werden. Daher hat der Mensch immer von Gott die Gnade der Zeit erhalten. Seine Sünde ist nicht teuflisch, er besitzt nicht die Intelligenz und den Stolz Satans. Gewiß, der menschliche Nacken ist starr; was für einen langen Weg hatte das auserwählte Volk zurücklegen müssen! Am Ende des Weges

---

131 Don A. Guillerand, «Ecrits spirituels», Bd. 1.

aber wird es von Maria erwartet, dieser jungfräulichen Blüte, die ein wenig zittert unter dem Windhauch, die dann ein bedingungsloses «Ja» sprechen und in der Geduld leben wird, ohne immer alles zu verstehen; und diese Blüte der Gnade hat Jesus hervorgebracht, diese Frucht der Sanftmut, Kraft und unerschöpflichen Geduld; Jesus, der schwieg unter den Beschimpfungen während der Passion: O, Gott der Zärtlichkeit und des Erbarmens, langsam zum Zorn, reichen Gnade und Treue! Schwester Esther hat dies so eindringlich auf ihren Bildern dargestellt, diese Frucht des Granatapfelbaumes: ein Bild für Jesu Herz am Kreuz.[132] Reife Frucht, Wonne, Schönheit, Geschenk der Liebe. Alles haben wir in ihm. Wir haben seine Geduld. Wir brauchen nur seine Geduld zu schöpfen, er ist «Dives in misericordia», reich an Gnade. Prophetisch hatte Joël ausgerufen: «Kommt zurück zum Herrn, eurem Gott, denn er ist Zärtlichkeit und Mitleid, langsam zum Zorn, reich an Gnade» (Joël 2,13).

Jetzt ist die Zeit der Geduld. Wir müssen in die Ruhe Gottes eintreten. Nafshi Yeshovev: Er erfüllt die Seele aufs neue mit Leben, er gibt ihr die Kraft, geduldig zu sein. Alle sollen zur Umkehr gelangen (2 Petr 3,9). Was soll man tun? Ausdauernd laufen unter den Prüfungen, die uns auferlegt worden sind (Hebr 12,1). Das Durchhalten erzeugt die Hoffnung, die nicht enttäuscht (Röm 15,4).

---

132 s. «Feu et Lumière», Nr. 12.

Die Geduld, die Schwester des Martyriums

Die Geduld ist die Schwester des Martyriums, sagen Klemens von Rom, Polykarp und Ignatius von Antiochien, der zwischen den Zähnen der wilden Tiere zermahlen wurde.

«Sie ist die Hüterin aller Gebote, groß, stark, ruhig, freudevoll» (Hirte des Hermas).

«Wo Gott ist, da ist auch die, die unter seinem Schutze steht, nämlich die Geduld. Wenn der Geist Gottes herniedersteigt, dann begleitet ihn unzertrennlich die Geduld» (Tertullian).

«Bei uns entfaltet sich die Kraft der Hoffnung zusammen mit der Festigkeit des Glaubens, und sogar in den Ruinen einer zusammenstürzenden Welt ist unsere Geduld nicht einen Augenblick lang ohne Freude... Was haben Mißgeschicke für Christen schon zu bedeuten?... Sie erwarten alle Gnade und allen Reichtum vom Himmelreich» (hl. Zyprian).

Welche Kraft zeigt sich doch in den Vätern der Urkirche! «Unsere Geduld ist nicht einen Augenblick lang ohne Freude...» Es handelt sich nicht um so etwas wie eine stumpfe Resignation.

Sie ist gewaltlos, «die sehr geduldige Sanftmut», sie ist mutig und beständig im Herzen; weit von sich wirft sie den Ehebruch, den Betrug, den Mord» (Zyprian).

Im monastischen Leben muß die Geduld unbedingt erblühen; verlöschen wird sonst das lebendige Feuer des ganzen Klosters, dieser Pflanzstätte für die verschiedensten Formen der Heiligkeit wie auch der Schwächen.

«Die Geduld und die Strenge, mit der sie (die Mönche) auf so gottwohlgefällige Weise ausharren in diesem Gelübde, machen aus ihnen Menschen, die Tag für Tag für diese Welt gekreuzigt und lebende Märtyrer sind» (Cassian).

Die Apatheia

Einigen wird, manchmal am Ende einer langen verborgenen Zeit der Geduld, die «Apatheia» geschenkt, dieser heilige Gleichmut des Herzens, das sich im Frieden hingibt in der Kontemplation, die Augen ganz mit Tränen erfüllt wegen der göttlichen Barmherzigkeit für die Welt. Ehe diese Gnade der Ruhe sich zeigt, besteht — wie der heilige Johannes vom Kreuz bemerkt — bei den Anfängern die Ungeduld des Perfektionismus, welche alles verdirbt. Das Auge betrachtet sich selbst und will sich heilig sehen. Es wird enttäuscht, und nun bleibt weiter nichts übrig als zu fliehen: Versuchung der Ungeduld, die schon die Wüstenväter kannten:

«Ein Mönch fiel in die Versuchung der Entmutigung. Unmöglich erschien es ihm, das Mönchsleben durchzuhalten. Er bat einen Altvater um Rat, und dieser erzählte ihm eine Geschichte: Ein junger Mann machte sich auf die Anweisung seines Vaters hin auf, um ein Stück Land urbar zu machen. Es waren aber dort so viele Dornen und Disteln, daß er den Mut verlor, sich fallen ließ und drei Tage lang schlief. Der Vater ging hin, um nach ihm zu sehen; er fragte ihn über den Grund seiner Handlungsweise, und in seiner Güte sagte er zu ihm: "Mein Sohn, bearbeite jeden Tag ein Stück, das so groß ist wie der Platz, den du benötigst, wenn du dich auf die Erde legst. So wird es allmählich mit deiner Arbeit vorwärtsgehen, ohne daß du den Mut verlierst." Der junge Mann tat, wie ihm gesagt wurde, und in kurzer Zeit war das Grundstück urbar gemacht.»[133]

«Neun Jahre lang wurde ein Bruder von dem Verlangen gequält, das Kloster zu verlassen. Jeden Tag nahm er seinen Mantel, um zu gehen, und wenn der Abend kam, sagte er sich: "Morgen gehe ich fort von hier!" Am Morgen aber sagte er sich: "Tun wir uns Gewalt an und bleiben wir heute noch für den Herrn." So tat er es Tag für Tag, neun Jahre lang, und dann nahm der Herr diese Versuchung von ihm fort, und er hatte den Frieden.»[134]

«Ein Altvater sagte: "Wenn körperliche Leiden dich heimsuchen, dann verliere nicht den Mut, denn wenn der Herr deinen Körper schwächen will, wer bist du, darüber ungehalten zu sein? Sorgt er sich nicht um dich bei jeder Gelegenheit? Kannst du leben ohne ihn? Sei daher geduldig und bitte ihn, dir das zu geben, was dir nützlich ist, das heißt, seinen Willen zu tun und geduldig zu bleiben und das zu essen, was man dir aus Liebe gibt."»[135]

«Ein Altvater schlief eines Abends ein, während er dabei war, seinen jungen Schüler zu unterweisen, ohne ihn daher gesegnet und entlassen zu haben. Der Schüler wartete darauf, daß jener

---

133 s. «Feu et Lumière», Nr. 12.
134 ibid.
135 ibid.

erwachte und tat sich Gewalt an, um nicht fortzugehen. Als der Altvater wach wurde, war er ganz
erstaunt, ihn dort zu sehen, und entließ den jungen
Mann, nachdem sie gemeinsam die Matutin gesun-
gen hatten. Gott gab dem Altvater die Gnade, in
einer Vision einen Thron zu sehen, auf welchem
sieben Kronen lagen. Er fragte: "Für wen sind sie?"
"Das ist der Platz und der Thron, den Gott deinem
Schüler bereitet hat wegen seines Verhaltens: er hat
in dieser Nacht sieben Kronen verdient." Zitternd
befragte er den Schüler und erfuhr schließlich, daß
jener siebenmal vor Erschöpfung nahe daran war,
fortzugehen.»[136]

Geduld und Gehorsam

In der vom heiligen Johannes Klimakus erwähn-
ten Episode des Mönches Laurentius haben wir
schon gesehen, wie eng Geduld und Gehorsam miteinander verbunden sind.

Das gleiche sagte ihm übrigens der heilige Seraphim:

«Man muß alles ertragen, was auch geschieht,
aus Liebe zu Gott. Man beschimpft dich, antworte
mit Lobsprüchen; man verfolgt dich, ertrage es;
man macht dir Vorwürfe, mache du keine. Gleichzeitig mit dem Gehorsam muß der junge Mönch die
Geduld ausüben. Ohne zu murren muß er Wider-
wärtigkeiten und Beschimpfungen ertragen (...)

Ein Mönch muß sein wie ein alter, ganz abge-
nutzter Schuh oder wie ein Bettlaken, das der

---

136 ibid.

Wäscher schlägt und mit Füßen tritt, kämmt und schließlich wäscht, so daß es am Ende weiß ist wie Schnee.

Ohne Prüfungen kein Heil. Man wird nicht Mönch, ohne im Besitz des Gebetes und der Geduld zu sein, wie man auch nicht in den Krieg zieht, ohne Waffen zu tragen.»

Die Geduld erlangt man nicht durch seine eigenen Kräfte, indem man sozusagen Muskeln erwirbt. Dennoch ist der geduldige Mensch ein mit Muskeln versehener Mensch, aber er ist nicht aus Stahlbeton. Er weiß um die Verwundbarkeit. Theresia von Lisieux spricht vom Martyrium der Nadelstiche in der Kommunität. Heilige haben innerlich gekocht beim geringsten Vorwurf, aber sie haben auch das Öl des Heiligen Geistes entgegengenommen, das unsere manchmal so unangreifbaren Wüsten mit Sanftmut durchtränkt.

«Nichts soll dich verwirren, nichts dich erschrekken. Alles geht vorüber. Wer Gott hat, dem fehlt es an nichts. Gott allein genügt.»[137]

Der Heilige Geist, unsere «Mutter», hat es so vielemale verstanden, unser ganz schwankendes Gebäude zu festigen; er hat uns gelehrt, in Vereinigung mit dem gekreuzigten Christus die Dinge anzunehmen, oder, besser noch, sie darzubringen, um mit ihm verherrlicht zu werden (Phil 3,3). Von da an beginnt die Hoffnung sich zu entfalten, die nicht enttäuscht und vollkommen macht (Röm 5,5; Jak 1,4).

---

137 Hl. Theresia von Avila, Gebet, gefunden nach ihrem Tod.

Man sieht Theresia von Lisieux immer neue Akte der Geduld vollbringen. Sie spricht von ihren Pinseln:

«Ich bin nahe daran, die Geduld zu verlieren, und ich muß all meine Kraft in beide Hände nehmen, um nicht mit Bitterkeit die Gegenstände zurückzufordern, die mir fehlen.» Als sie krank ist und ständig gestört wird, während sie im Garten ihre Autobiographie schreibt, gesteht sie:

«Ich schrieb über die Liebe, und oft kam man, um mich zu stören. Dann habe ich versucht, nicht ungeduldig zu werden und das in die Tat umzusetzen, was ich gerade schrieb.»[138]

Die Geduld, Zeichen der Heiligkeit

Alle Menschen gehen durch den Schmelzofen der Prüfungen. Die Heiligen lassen sich verzehren, aber was für einen Kampf kostet das! Bei den Wüstenvätern war die Geduld ein Zeichen großer Heiligkeit. Einer von ihnen, der sehr geschätzt wurde, wollte wissen, welchem Heiligen im Himmel er ähnlich sei. Da schickte Gott ihn zu einem Wirtshausbesitzer. Neugierig fragte ihn der Altvater: «Was hast du besonderes getan?» Dieser Mann aber, der nichts von seiner Heiligkeit ahnte, wußte nichts zu antworten. Durch Fragen in die Enge getrieben, gestand er schließlich; daß er mit seiner Frau seit dreißig Jahren in der Enthaltsamkeit lebte, ohne daß irgend jemand es wußte. Wenn er vorher Umgang mit ihr gehabt hatte, so nur deshalb, um

---

138 «Conseils et souvenirs», op. cit.

drei Kinder zu haben. Niemals hatte er sich gewei-
gert, einen Armen zu beherbergen, auch hatte er
ihm Reiseverpflegung mitgegeben, und überall
hatte er versucht, Frieden zu stiften zwischen
denen, die sich nicht verstanden. Was für ein Feuer
brannte in diesem Menschenherzen, wenn nicht
das des Heiligen Geistes, der uns dazu befähigt,
alles zu entschuldigen, alles zu ertragen, alles zu
hoffen. Er hatte nicht die Zeit, sich selbst zu
betrachten; die Liebe drängte ihn, und alle kamen
hin zu dieser Quelle geduldiger Güte. Er fragte sich
nicht, ob sein Leben einen Sinn habe. Durch die
Liebe gab er allem einen Sinn.

Erwarten, was?

Im zeitgenössischen Theater zeigt uns Samuel
Beckett ein Beispiel der Geduld von unerträglicher
Traurigkeit, weil sie ohne Objekt ist: «Auf Godot
warten.» «Godot», das ist Gott; «God», der kommen soll. Aber wird er wirklich kommen? Und
wenn er kommt, dann um zu strafen. Da ist es im
Grunde besser zu denken, daß er nicht existiert,
daß er tot ist. Es liegt etwas Deprimierendes in der
Haltung des Wartens bei diesen Landstreichern, die
da am Straßenrand sitzen und andere vorübergehen sehen, die eigentlich noch entwurzelter sind als
sie selbst. Sie hatten es einmal versucht, sich zu
erhängen, aber die Kordel ihrer Hose war verfault
und ist gerissen. Sie warten also; das ist ihre
Beschäftigung. Da ist nicht einmal mehr eine Auflehnung, es ist nur eine Feststellung: es gibt nichts.
Estragon: Wo sollen wir hingehen?

Vladimir: Nicht weit.

E.: Doch, doch, gehen wir weit von hier fort!

V.: Es geht nicht.

E.: Warum nicht?

V.: Man muß ja morgen zurückkehren.

E.: Um was zu tun?

V.: Um auf Godot zu warten.

E.: Das stimmt. (Und nach einiger Zeit): Ist er nicht gekommen?

V.: Nein.

E.: Und jetzt ist es zu spät.

V.: Ja, es ist Nacht.

E.: Und wenn man ihn fallen ließe? (Nach einiger Zeit): Wenn man ihn fallen ließe?

V.: Er würde uns bestrafen. (Schweigen, er betrachtet den Baum): Nur der Baum lebt.[139]

Wenn es sonst nichts Lebendiges gäbe als diesen mit Kalk geweißten Baum, dann wäre das Leben wirklich traurig. Diese falsche Geduld ist Hoffnungslosigkeit und Verzweiflung.

Geduld, Spiegel der Gottes- und Nächstenliebe

Im Vergleich zu diesem Dialog zwischen denen, die taub sind, und wo nur Gott in Wahrheit die Klage der Menschen hört, wollen wir aufs neue den lebensvollen Text Katharinas von Siena lesen. Es ist ein Text, der Gold wert ist und zu Herzen geht. Für sie können alle Tugenden eine zeitlang täuschen und vollkommen erscheinen, während sie in Wirklichkeit unvollkommen sind:

---

139 Samuel Beckett, «En attendant Godot», Nouveaux classiques Larousse.

«Vor dir aber können sie sich nicht verbergen, denn wenn diese sanfte Geduld, der Spiegel der Gottes- und Nächstenliebe, im Herzen wohnt, dann zeigt sie, daß alle Tugenden lebendig und vollkommen sind.»[140]

«O, Geduld, wie liebenswert bist du! O, Geduld, welche Hoffnung gibst du dem, der dich besitzt! O, Geduld, eine Königin und Herrin bist du, und niemals wirst du durch den Zorn beherrscht!

O, Geduld, du deckst die Falschheit der Gebundenheit an die Sinnenhaftigkeit auf. Wenn sie in Zorn geraten und das Haupt erheben will, dann trägst du ein zweischneidiges Schwert bei dir, das Schwert des Hasses und der Liebe, um den Zorn, den Stolz und das Innerste des Stolzes, die Ungeduld, zu schlagen und zu vernichten!

Dein Gewand ist die Sonne mit dem Licht der wahren Gotteserkenntnis und mit der Wärme der Gottesliebe... Ja, süße Geduld, der du auf die Gottes- und Nächstenliebe gegründet bist, du bist es, welche Früchte für den Nächsten trägt und welche Gott die Ehre erweist. Dein Gewand ist mit den Sternen aller Tugenden bedeckt... Wie könnte man es daher nicht lieben, etwas so Beseeligendes auf sich zu nehmen wie die Geduld? Wie könnte man es nicht lieben, für Jesus zu leiden? Gebt euch also daran, euch selbst zu erkennen, damit diese Königin eure Seele bewohnt... Alle Tugenden, die der Schmuck der Geduld sind, bleiben auf der Erde, die Gottes- und Nächstenliebe allein tritt triumphierend in den Himmel ein, aber sie trägt mit sich die

---

140 «Le livre des Dialogues», op. cit. Dialogue 95, S. 306.

Früchte aller Tugenden, und besonders die Frucht der Geduld. Die Geduld ist eng mit der Liebe verbunden, sie ist das Beste von ihr, denn sie zeigt sich mit Liebe bekleidet und niemals ohne sie; die Liebe ohne Geduld wäre nämlich keine Tugend.»[141]

---

141 Hl. Katharina von Siena, «Lettre 138 à Raymond de Capoue», trad. Cartier, 2, Ed. Bd. 2, S. 869-870.

Abschluß
Einige Aussprüche von Theresia von Avila

Aufruf, das Gebet niemals zu unterlassen

«Dies ist es, was ich ganz besonders empfehle: niemals das Gebet zu unterlassen. Durch das Gebet versteht man, was man tut. Man erlangt vom Herrn die Reue über seine Fehler und die Kraft, sich wieder aufzurichten.»[142]

«Wenn sie nicht aufs neue die Übung des inneren Gebets aufnehmen, wird es unweigerlich mit ihnen bergab gehen.»[143]

«Niemand von denen, die begonnen haben, das innere Gebet zu pflegan, möge den Mut verlieren und etwa sprechen: "Wenn ich immer wieder Fehler begehe, ist es schlimmer für mich, in dieser Übung des inneren Gebetes fortzufahren." Ich aber denke, daß es nichts Unheilvolleres geben kann als es aufzugeben und sich nicht zu bessern. Wenn

---

142 «Vie écrite par elle-même», op. cit. Kap. XV, S. 147.
143 ibid. S. 184.

man es aber nicht aufgibt, so möge man mir glauben, daß es uns zum Hafen des Lichtes führen wird.»[144]

«Wenn das innere Gebet so viel Gutes bewirkt und auch für diejenigen sehr notwendig ist, die sich seiner nicht bedienen, sondern es im Gegenteil verächtlich machen, wenn in Wahrheit niemand das geringste Ungeziemende darin erblicken kann, während er einen großen Schaden erlitte, wenn er sich ihm nicht hingeben würde —, warum also geben diejenigen, die Gott dienen und ihn ehren wollen, diese Übung auf? In Wahrheit, ich kann es nicht verstehen, es sei denn, sie wollten die Mühen und Plagen vermehren, die die Beschäftigungen des Lebens mit sich bringen, und sie wollten Gott die Tür verschließen, um ihn daran zu hindern, ihnen diesen Trost zu schenken. Ja, ich beklage sie, zu ihrem Schaden dienen sie Gott. Wenn sie sich im Gegenteil dem inneren Gebet hingeben, so ist es der Herr selbst, der für alles aufkommt. Als Gegengabe für eine geringe Mühe schenkt er ihnen Tröstungen, die ihnen helfen, die Prüfungen zu ertragen.»[145]

Jene Seelen, die das innere Gebet nicht pflegen (...) sind wie ein handlungsunfähiger oder gelähmter Leib, der zwar Hände und Füße hat, sich ihrer aber nicht bedienen kann.»[146]

---

144 ibid., S. 184.
145 ibid. S. 85.
146 «Le château intérieur», op. cit. I. Demeure, S. 818.

Gott suchen

Erwägen, daß er euch nahe ist: «Wenn er sieht, daß ihr das mit Liebe tut, und daß ihr euch bemüht, ihm zu gefallen, dann könnt ihr, wie man sagt, nicht mehr davon loskommen. Er wird euch niemals fehlen, er wird euch helfen in all euren Prüfungen, er wird immer und überall euch zurseite sein. Denkt ihr etwa, es sei etwas Unbedeutendes, einen solchen Freund bei sich zu haben? O, meine Schwestern, die ihr nicht viel mit großem Verstand zu reden wißt, und die ihr es nicht vermöget, eure Gedanken auf irgend etwas zu richten, ohne von Zerstreuungen überflutet zu werden, erwerbt, erwerbt doch die Gewohnheit, die ich euch aufzeige. Ich weiß, daß ihr es könnt. Jahrelang habe ich selbst darunter gelitten, während des inneren Gebetes meinen Geist nicht auf einen bestimmten Gegenstand konzentrieren zu können; eine sehr schmerzliche Prüfung ist dies. Im übrigen weiß ich, daß unser Herr uns niemals in einer solchen Isolierung verbleiben läßt, daß er uns vielmehr Gesellschaft leistet, wenn wir ihn demütig darum bitten.»[147]

«Da wir Gott einige Augenblicke des inneren Gebetes schenken wollen, schenken wir sie ihm also mit einem ganz freien Geist, der von allem irdischen Denken losgelöst ist. Geben wir ihm diese Zeit mit dem festen Entschluß, sie niemals zurückzunehmen, was immer es auch für Prüfungen, Widrigkeiten und Trockenheiten geben mag, die auf

---

147 «Le chemin de la perfection», op. cit. Kap. XXVII, S. 711-712.

uns zukommen werden. Betrachten wir die gegenwärtige Zeit als etwas, das uns nicht gehört, und über die man von euch Rechenschaft verlangen kann, falls wir sie ihm nicht vollständig geben.»[148]

Suchen, wie man ihm immer mehr gefallen kann, «worin und durch welches Mittel sie (die Seele) ihm ihre Liebe bezeugen kann. Das ist das Ziel des inneren Gebetes, meine Töchter; dies ist es, wozu die geistliche Vermählung dient, die stets Werke und immer wieder Werke hervorbringen muß.»[149]

Es scheint mir wirklich so zu sein, daß der Wille in gewisser Weise mit dem göttlichen Willen vereinigt sein muß. Es geschieht allerdings durch die Wirkungen und die darauf folgenden Werke, daß man die Wahrheit von dem erkennt, was im inneren Gebete vor sich geht; es gibt keine bessere Probe, um das zu erkennen.»[150]

Theresia von Avilas Gebet

Wie gut ist es für uns in der Wüste, diese Handschrift der Madre zu betrachten. Das bloße Anschauen ihrer Worte, die sie selbst geschrieben hat, hat schon vielen dazu verholfen, neue Kraft zu gewinnen, denn es ist ja eine Tatsache, daß die Gemeinschaft der Heiligen keine Täuschung ist.

> «*Nichts verwirre dich,*
> *nichts erschrecke dich,*
> *alles geht vorüber.*

148 ibid. Kap. XXV. S. 701.
149 «Le château intérieur» op. cit.
150 ibid. op. cit. IV. Demeure, S. 877.

Gott ändert sich nicht,
die Geduld triumphiert über alles.
Wer Gott besitzt, dem mangelt nichts.
Gott allein genügt.»

Inhaltsverzeichnis

Andere Bücher aus dem Parvis-Verlag

Zeit für Gott

Führer für das innere Gebet

Während Yoga, Entspannungsübungen und andere orientalische Meditationsformen zu Rezepten im Abendland werden, bleibt das innere Gebet reine, kostenlose Gabe Gottes. Aber für wen ist das innere Gebet? Und wo, wann und wie kann man es praktizieren?

Eben diese Fragen finden ihre Antwort in diesem vortrefflichen kleinen Buch, reich an Beispielen und konkretem Rat.

von Pater J. Philippe, 128 Seiten, 13 x 20 cm   *SFR 11.– DM 13.–*

Hingabe an die Vorsehung

Gott will sich um uns kümmern und stellt seine Vorsehung in den Dienst des Menschen... Die Güte Gottes ist immer zugänglich, und Christus ist gekommen, um uns Zugang zu ihr zu verschaffen. Wie können wir unser Leben auf ein solches Vertrauen zur göttlichen Vorsehung aufbauen?

Dazu gibt Evelyne Madre uns in ihrer Abhandlung einfache, wertvolle Ratschläge und greift dabei auf zahlreiche Beispiele und Anekdoten zurück.

64 Seiten, Format 11,5 x 17 cm   *SFR 6.– DM 7.–*

Karl Leisner (1915-1945)

Wie Gold geläutert im Feuer

Lange zögert er zwischen Priesteramt und Ehe. 1939 wird er Diakon, die Gestapo verhaftet ihn und führt ihn ins KZ Dachau. Ein französischer Bischof spendet ihm die Priesterweihe. Am 12.8.1945 erfüllt sich sein Leben in der Liebe Gottes.   von René LEJEUNE

310 Seiten, 13 x 20 cm   *SFR 21.– DM 24.80*

Jesus und dein Leib

Die Sexualmoral, für Jugendliche erklärt
Diese Broschüre richtet sich an alle Christen, die sich mit den Fragen der Sexualmoral beschäftigen. Vor allem aber ist sie an die Jugendlichen gerichtet. Zuerst ist die Art und Weise dargelegt, in welcher Gott in Jesus den menschlichen Körper und die menschliche Liebe betrachtet. Anschließend sind alle präzisen Probleme des sexuellen Lebens behandelt, wobei der Verfasser, Mgsr. Léonard, Bischof von Namür (Belgien) versucht hat, auf all die ganz konkreten Fragen einzugehen, und schließlich hat er sich mit der täglichen Übung der christlichen Keuschheit befaßt.
98 Seiten, 14,5 x 21 cm   *SFR 11.– DM 13.–*

Pater Pio aus Pietrelcina

Erinnerungen an einen bevorzugten Zeugen Christi
In dieser ausgezeichneten Biographie beschreibt uns Bruder Arni Decorte besonders Pater Pios geistliche Ausstrahlung. Dieses Buch handelt von wenig bekannten Dingen. Der Leser entdeckt so die Persönlichkeit Paters Pio aus Pietrelcina, und auch die zahllosen Bekehrungen und Heilungen, die auf seine Fürbitte zurückgehen.
von A. DECORTE, 320 Seiten, 13 x 20 cm   *SFR 25.– DM 28.–*

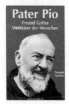

Pater Pio

Freund Gottes Wohltäter der Menschen
Bekehrungen, Heilungen, Wunder, Seelenschau, Bilokation... sind in kurzen Erzählungen vorgestellt.
von P. CATANEO
176 Seiten, 13 x 20 cm   *SFR 12.50 DM 15.–*

Der hl. Gerhard Majella (1726-1755)

Er war ganz von Gott ergriffen, und die Wunder entschlüpften sozusagen seinen Händen. Sein leuchtendes Leben ist hier packend erzählt.
von T. REY-MERMET
128 Seiten, 13 x 20 cm   *SFR 15.– DM 18.–*